Historias marginales

Seix Barral Biblioteca Breve

Luis Sepúlveda

Historias marginales

Primera edición: mayo 2000
Segunda edición: mayo 2000
Tercera edición: junio 2000

ISBN: 84-322-1067-6
Depósito legal: B. 27.540 - 2000
Impreso en España

HISTORIAS MARGINALES

Hace algunos años visité el campo de concentración de Bergen Belsen, en Alemania. En medio del silencio atroz recorrí las fosas comunes en las que yacen miles de víctimas del horror, preguntándome en cuál de ellas estarían los restos de cierta niña que nos legó el más conmovedor testimonio acerca de la barbarie nazi y la certeza de que la palabra escrita es el mayor e invulnerable de los refugios, porque sus piedras están unidas por la argamasa de la memoria. Caminé, busqué, pero no encontré ningún indicio que me llevara hasta la tumba de Ana Frank.

A la muerte física, los verdugos agregaron la segunda muerte del olvido y el anonimato. Un muerto es un escándalo, mil muertos son una estadística, afirmó Goebbels, y así lo repitieron y repiten los militares chilenos, argentinos, y sus cómplices disfrazados de demócratas. Así lo repitieron y lo repiten los Milosevich, Mladic, y sus cómplices disfrazados de negociadores de paz. Así nos lo escupen los masacradores de Argelia, tan cerca de Europa.

Bergen Belsen no es por cierto un lugar para pasear, porque el peso de la infamia oprime, y a la congoja del «¿y qué puedo hacer yo para que esto nunca vuelva a repetirse?», sobreviene el deseo de conocer y contar la historia de cada una de las víctimas, de aferrarse a la palabra como única conjura contra el olvido, de contar, nombrar los hechos gloriosos o insignificantes de nuestros padres, amores, hijos, vecinos, amigos, de hacer de la vida un método de resistencia contra el olvido, porque, como señaló el poeta Guimarães Rosa, narrar es resistir.

En un extremo del campo y muy cerca de donde se alzaban los infames hornos crematorios, en la superficie áspera de una piedra, alguien, ¿quién?, grabó, tal vez con la ayuda de un cuchillo o de un clavo, el más dramático de los reclamos: «Yo estuve aquí y nadie contará mi historia.»

He visto la obra de muchos pintores y —perdón— hasta ahora desconozco el estremecimiento emocional que —además de *El grito*, de Munch— puede causar una pintura. Me he enfrentado también a innumerables esculturas, y sólo en las de Agustín Ibarrola he encontrado la pasión y la ternura expresadas con un lenguaje que nunca alcanzarán las palabras. Supongo que he leído unos mil libros, pero jamás un texto me pareció tan duro, enigmático, bello y al mismo tiempo lacerante como aquel escrito sobre la superficie de una piedra.

«Yo estuve aquí y nadie contará mi historia», escribió, ¿cuándo?, ¿una mujer?, ¿un hombre?, ¿lo hizo pensando en su saga personal única e irrepetible, o acaso en nombre de todos aquellos que no salen en los noticieros, que no tienen biografías, sino un olvidadizo pasar por las calles de la vida?

Ignoro cuánto tiempo permanecí frente a esa piedra, pero a medida que la tarde caía vi otras manos repasando la inscripción para evitar que la cubriera el polvo del olvido: una rusa, Vlaska, que frente a la seca osamenta del Mar de Aral me contó de su lucha por impedir la locura que culminó con la muerte de un mar lleno de vida. Un alemán, Friederich Niemand —Federico Nadie—, al que declararon muerto en 1940, y que hasta 1966 gastó suelas de zapatos visitando ministerios y templos burocráticos para demostrar que estaba vivo. Un argentino, Lucas, que hastiado de discursos hipócritas se decidió a salvar los bosques de la Patagonia andina sin otra ayuda que la de sus manos. Un chileno, el profesor Gálvez, que en un exilio que jamás comprendió soñaba con sus viejas aulas de clases y despertaba con los dedos llenos de tiza. Un ecuatoriano, Vidal, que soportaba las palizas de los terratenientes encomendándose a Greta Garbo. Una uruguaya, Camila, que a los setenta años decidió que todos los muchachos perseguidos eran sus parientes. Un italiano, Giuseppe, que llegó a Chile por error, se casó por error, tuvo a sus mejores amigos por error, fue feliz a causa de otro error enorme y reivindicó el derecho a equivocarse. Un bengalí, Mister Simpah, que ama los barcos y los conduce al desguace repitiéndoles las bellezas de los mares que surcaron. Y mi amigo Fredy Taberna, que se enfrentó a sus asesinos cantando...

Todos ellos y muchos más estaban allí, repasando las palabras grabadas sobre una piedra, y yo supe que tenía que contar sus historias.

NOCHE EN LA SELVA AGUARUNA

No conozco a ese hombre que se detiene a la orilla del río, que respira hondamente y sonríe al reconocer los aromas que viajan en el aire. No lo conozco, pero sé que ese hombre es mi hermano.

Ese hombre que sabe que el polen viaja prendido a la arbitraria voluntad del viento, mas confiado y soñando con la fértil tierra que lo espera, ese hombre es mi hermano.

Y sabe muchas cosas mi hermano. Sabe, por ejemplo, que un gramo de polen es como un gramo de sí mismo, dulcemente predestinado al lodo germinal, al misterio del que se alzará vivo de ramas, de frutos y de hijos, con la bella certeza de las transformaciones, del comienzo inevitable y del necesario final, porque lo inmutable encierra el peligro de lo eterno y sólo los dioses tienen tiempo para la eternidad.

Ese hombre que empuja su canoa sobre la playa de fina arena, y se prepara a recibir el milagro que cada atardecer en la selva abre las puertas del misterio, ese hombre es necesariamente mi hermano.

Mientras la sutil resistencia de la luz diurna se deja vencer amorosamente por el abrazo de las penumbras, lo escucho musitar las palabras justas que su embarcación merece: «te encontré cuando eras apenas una rama, limpié el terreno que te rodeaba, te protegí del comején y la termita, orienté la verticalidad de tu tronco y, al tumbarte para que fueras mi prolongación en el agua, por cada golpe de hacha marqué también una cicatriz en mis brazos. Luego, ya en el agua, prometí que juntos continuaríamos el viaje empezado en tu tiempo de semilla. He cumplido. Estamos en paz».

Entonces, ese hombre contempla cómo todo cambia, se transforma en el preciso instante en que el sol se cansa de ser mil veces diminuto, multiplicado en las escamas de oro que arrastran los arroyos.

La selva apaga su intenso color verde. El tucán clausura el brillo de sus plumas. Las pupilas del coatí dejan de reflejar la inocencia de los frutos. La infatigable hormiga suspende el traslado del mundo hasta su cónica morada. El yacaré decide abrir los ojos para que las sombras le muestren aquello que evitó ver durante el día. El curso del río se torna apacible, ingenuo de su terrible grandeza.

Ese hombre que dispone sobre la playa sus amuletos protectores, las piedras verdes y azules que mantendrán al río en su lugar, ese hombre es mi hermano, y con él miro la luna que a ratos se muestra entre las nubes bañando de plata las copas de los árboles. Le escucho musitar: «Todo es como debe ser. La noche aprieta la pulpa de los frutos, despierta el deseo de los insectos, calma la inquietud de las aves, refresca la piel de los reptiles, ordena danzar a las luciérnagas. Sí. Todo es como debe ser.»

Encaramada a su altar de piedras, la anaconda enrollada sobre la maldición de su cuerpo alza la cabeza para observar el cielo con la inocencia de los irremediablemente fuertes. Sus ojos amarillos son dos gemas ausentes, ajenos al rumor de los felinos que con el hambre pegada a las costillas rastrean a sus víctimas, a la brisa que, en esta época sin lluvias, no cesa de transportar el polen hasta los claros abiertos por el ingenio o la mezquindad de otros hombres, o por la eléctrica crueldad del rayo.

Ese hombre que ahora esparce sobre la arena las semillas de todo lo que crece en su territorio de origen, para tender luego sobre ellas su fatigado cuerpo, ese hombre es mi imprescindible hermano.

Duras son las semillas del cusculí, mas le traerán hasta sus sueños todas las bocas ansiosas que recibieron su sabor agridulce en el tiempo del amor. Ásperas son las semillas de achiote, pero su pulpa roja adornó las caras y los cuerpos de las elegidas. Punzantes son las semillas de la yahuasca, porque tal vez así disimulan la dulzura del licor que producen, y que bebido al amparo de los viejos sabios disipa el tormento de las dudas sin entregar respuestas, sino enriqueciendo la ignorancia del corazón.

En una alta rama que los resguarda del puma, los micos se sobresaltan al ver un destello en lontananza. Es ese hombre, mi hermano, que ha encendido una fogata y me invita a compartir sus bienes mientras musita quedamente: «Todo es como debe ser. El fuego atrae a los insectos. El jaguar y el oso hormiguero observan desde lejos. El perezoso y el lagarto quisieran acercarse. El escarabajo y el ciempiés se asoman entre el follaje. Las lenguas del fuego dicen que la madera arde sin rencor. Sí. Todo es como debe ser.»

Ese hombre, mi hermano, me enseña que debo acercar los pies a la fogata, y con la ceniza tibia reparar los estragos que dejó el largo camino. La penumbra impide reconocer sus tatuajes y los trazos con que ha pintado su cara, pero la selva conoce la dignidad de su tribu, la importancia del rango que testimonian sus adornos.

Envuelto por la noche es simplemente un hombre, un hombre de la selva que observa la luna, las estrellas, las nubes que pasan, mientras escucha e identifica cada sonido que nace en la espesura; el terrorífico chillido del mico en las garras del felino, la monótona telegrafía de los grillos, el vehemente resoplar de los jabalíes, el siseo del crótalo que maldice su venenosa soledad, los fatigosos pasos de las tortugas que acuden a desovar en la playa, la quieta respiración de los papagayos enmudecidos por la oscuridad.

Así, lentamente, se adormece, agradecido de ser parte

de la noche selvática. Del misterio que lo hermana a la minúscula larva y a la madera que cruje mientras se tensan los centenarios músculos de un ombú.

Lo miro dormir y me siento dichoso de compartir el sereno misterio que delimita el espacio entre las tiernas preguntas de la vida y la definitiva respuesta de la muerte.

LA ISLA PERDIDA

Se llama Mali Losinj y vista desde el aire se ve como una mancha ocre sobre el mar Adriático, frente a la costa de un país que se llamó Yugoslavia. Una vez llegué allí sin mayores planes ni plazos, y en una vieja casa de Artatore escribí el manuscrito de la que sería mi primera novela.

Por todas partes florecían los ciruelos, las adelfas y las gentes. Florecía, por ejemplo, Olga, una hermosa croata que compartía los deberes de su pensión con su amor por la voz desgarrada de Camarón de la Isla. Florecía Stan, un esloveno que cada tarde encendía la barbacoa, abría unas botellas de *sliwovitz* e invitaba a vecinos y paseantes a disfrutar de la hospitalidad de su terraza. Florecía Goyko, un montenegrino que suministraba pescados y calamares para la fiesta, y Vlado, un macedonio que cantaba arias incomprensibles y no por eso menos bellas. Con sus relatos bien hilados florecía Levinger, el boticario bosnio, judío, ex sanitario de los partisanos antifascistas. A veces, Pantho, un serbio expulsado de la marina, tocaba el acordeón, todos cantábamos, y a la segunda botella de *sliwovitz* nos hermanábamos con el cariño de los diminutivos: Olgitza, Stanitza, Goykitza, Vladitza, Panthitza. Nos entendíamos gracias a una ensalada babélica de italiano, alemán, español, francés y serbocroata.

—Lo único que importa es que nos entendemos —me decían.

—En Yugoslavia nos entendemos —repetían.

Tschibili, salud, prosit, salute, santé.

Mali Losinj fue durante varios años mi paraíso secreto, hasta que algo pasó, algo que se veía venir, y que ninguno de mis amigos era capaz de explicar, pero que se notaba en el cambio de humor o en el rechazo a la hora de hablar de la historia del país.

Cuando la bestialidad del nacionalismo serbio sacó de los museos la parafernalia «chetnik» y la bestialidad del nacionalismo croata se vistió de «ustacha», la isla no fue ajena al conflicto.

Olga cerró las puertas de su corazón al flamenco, y las de su pensión a todo el que no fuera croata. Pantho amaneció un día marchando solo por las calles de Artatore, arrastrando una bandera serbia y un viejo odio mezclado con alcohol. El alegre analfabeto que tocaba el acordeón repetía el discurso cerril de todos los nacionalistas y atacaba especialmente al judío Levinger, acusándolo de ser, por bosnio, un fundamentalista islámico. Stan se marchó a Liubljiana y de su bella casa en Artatore sólo quedan unas fotos mutiladas por las tijeras del rencor. Goyko y Vlado también dejaron la isla, atemorizados por Pantho, que insistía en formarlos para su triste desfile en aras de una gran Serbia, y por Olga, que vio en ellos un peligro ortodoxo para su gran Croacia católica.

Levinger se instaló en Sarajevo poco antes del asedio serbio. Desde allí me escribió una dolida carta: «nos faltaron por lo menos dos generaciones para librarnos del cáncer nacionalista cuyo único síntoma es el odio».

Cada vez que veo la mancha de Mali Losinj en un mapa sé que la isla sigue ahí, en el Adriático, pero también sé que la perdí para siempre. ¿Qué ocurrió? Conozco la historia de los Balcanes pero no consigo entender el problema contemporáneo, y estoy seguro de que la mayoría de los serbios, croatas, montenegrinos, kosovares, eslovenos, bosnios y macedonios tampoco lo entienden, porque no han conocido más que la efectiva manipulación de la historia oficial, aquella que escriben los vencedores.

Tal vez, como indica Levinger en su carta, esas dos generaciones que faltaron se habrían atrevido a mirar de frente su accidentada historia para que la idea siempre fraternal de la justicia dejara paso a la única transición posible: la que aplasta los odios e impone la razón.

Me duele la isla perdida, y me repite que los pueblos que no conocen a fondo su historia caen fácilmente en manos de estafadores, de falsos profetas, y vuelven a cometer los mismos errores.

LOS MELLIZOS DUARTE

Si algo hace soportables los retrasos en los aeropuertos es la gente, esa curiosa raza espontánea hermanada por la ira y la indefensión que, pasadas las primeras horas perdidas se relaja, murmura que al mal viento buena cara y se entrega a las confidencias.

En uno de estos ya rutinarios atrasos en el aeropuerto de Madrid, vencidas las ganas de armar un escándalo inútil, decidí dormir sobre uno de los duros asientos diseñados por criminales de la modernidad. Apenas había cerrado los ojos cuando un nada discreto codazo me hizo abrirlos de nuevo.

—¿Un trago? —dijo el hombre, de más o menos mi edad, que me ofrecía una culerita forrada en cuero marrón.

Acepté. Hacía mucho tiempo que no sentía el sabor de la caña, ese licor proletario que no tiene el aroma del orujo ni el fervor de la cachaza, pero que siempre me supo a gloria en los días lluviosos de Montevideo.

Le devolví la botella y enseguida nos estrechamos las manos.

—Duarte —dijo, y le respondí con mi apellido.

Era uruguayo, volaba primero a Francfort y de ahí a Moscú, donde pensaba adquirir implementos circenses.

—Tenían buenos circos los rusos, pero los desmontaron, los privatizaron y se fueron al infierno. Hasta la escuela circense la cerraron. ¡Que los parió! —se quejó Duarte.

Es muy poco lo que sé de los circos y supongo que advirtió mi contrariedad, porque me enseñó una fotografía en la que se veían dos trapecistas exactamente iguales.

—Somos los Mellizos Duarte. Tiene que haber oído hablar de nosotros. Viajábamos por toda América con el circo Las Águilas Humanas. Ésos somos, los Mellizos Duarte.

Nos echamos otro trago. ¿De qué se habla con un trapecista?

—Haga memoria. Los Mellizos Duarte. En su país estuvimos varias veces cuando la estrella del circo era el fabulosísimo Cappi.

Hasta mi memoria acudió entonces un sabor a palomitas, a serrín, y los recuerdos de una infancia ya bastante lejana proyectaron la imagen de una rueda gigantesca, construida con fierros y reja de alambre, en cuyo interior un motociclista desafiaba la gravedad en un interminable y veloz viaje circular.

—¿El motociclista?

—¿Ve como se acuerda de nosotros?

Sí. ¿De qué se habla con un trapecista? Le pregunté por el otro de la foto.

—Quién sabe. Puede que esté muerto. Puede que no. Un día del año 74 actuábamos en Colonia y los milicos allanaron el circo. Se los llevaron a todos, a los payasos, al hombre de goma, al domador de tigres, al mago, a los músicos. Todo el mundo al cuartel para declarar y conforme lo hacíamos nos iban soltando, hasta que un milico dijo que mi hermano Telmo no era uruguayo ni trapecista sino argentino y guerrillero. Nos defendimos como pudimos, mostramos certificados de nacimiento, recortes de periódicos internacionales, les rogamos que nos miraran, éramos iguales, pero ellos insistieron y se lo llevaron al otro lado del Río de La Plata. Nunca más supe de él.

Es amarga la caña, como la historia que gota a gota va cayendo sobre un mar que nos quieren presentar en calma.

Luego del arresto de su hermano, Duarte no abandonó el circo. Siguió colgado de los trapecios, imaginando que las manos firmes que lo recibían luego del triple salto mortal eran las de su doble. Así, la vida continuó en el aire y también en la tierra, porque se casó y —gloriosas sean las leyes de la genética—, su mujer tuvo un par de mellizos asombrosamente iguales.

—Éste se llama Telmo, como mi hermano, y este otro Rolo, como yo. Los Mellizos Duarte —dijo con orgullo mientras me enseñaba un programa de circo que los mostraba vestidos con mallas de colores y saludando al público con las manos llenas de pez.

Una voz llamó por fin a embarcar y dejé a Duarte en la sala del aeropuerto. Le deseé suerte, que encontrara sus trapecios en Moscú, que nunca le fallaran los amuletos protectores, y que saludara de mi parte a los Mellizos Duarte, caballeros del aire libre e inocente de los circos.

MISTER SIMPAH

Una mañana de 1982 los tripulantes del *Moby Dick* fuimos despertados por los gritos de alguien que pedía autorización para subir a bordo. Atracábamos en Singapur, haciendo escala de avituallamiento antes de proseguir un largo viaje iniciado dos meses antes en Rotterdam. De ahí seguiríamos hasta Kota Kinabalu, en el norte de Borneo, en donde realizaríamos las últimas compras de víveres antes de lanzarnos a toda máquina hacia el norte.

Debíamos evitar cualquier encuentro con los piratas que infectaban los mares de Palawan y las Filipinas, piratas muy poco románticos que no trepidaban en asesinar tripulaciones enteras.

Nuestra meta era el puerto de Yokohama. Allí nos esperaban varias docenas de activistas de Greenpeace para bloquear e impedir el zarpe de la flota ballenera japonesa.

El capitán, un neozelandés de apellido Terrier, rebautizado como Fox por Liliana, la argentina médico de a bordo, se asomó por sobre la baranda y ordenó:

—¡Suba y deje de gritar!

Ésa fue la primera vez que vi al hombre sonriente, vestido con bombachas y turbante, que se presentó como un personaje sacado de una novela de Salgari:

—Buenos días. Me llamo Simpah y sé hacer de todo.

Nos faltaba un electricista a bordo, y cuando el capitán le informó que todos los tripulantes éramos voluntarios, de tal manera que no era mucho lo que se le podía pagar por echarle un vistazo a las máquinas, respondió que el dinero no importaba. Se daba por satisfecho con que lo dejáramos en el próximo puerto de destino.

—Así me acercaré un poco más al paraíso —dijo.

—¿Cómo es el paraíso? —preguntó alguien.

—Bastante triste. Pero yo soy feliz allí —respondió.

Durante los tres días de navegación hasta Kota Kinabalu, Mister Simpah demostró que no sólo era un buen electricista, sino también un estupendo cocinero y un ameno camarada. Sin abandonar jamás sus ademanes ceremoniosos nos contó que era bengalí, pero vivía en Timor, en un lugar llamado Silang Kupang, a unas veinte millas al sur de Ocussi. De sus cuarenta y dos años había navegado treinta, hasta que, finalmente y con dinero suficiente como para comprar una porción de paraíso, pensaba establecerse en él.

Nos despedimos de Mister Simpah en Kota Kinabalu. Lo sentimos por algunas horas, mas la vida en el mar, especialmente en un barco como el *Moby Dick*, se encargó de aliviar el adiós con un sinfín de problemas.

Nunca más supe de él. Nunca más pensé en Mister Simpah. Nunca me preocupé de mirar en un mapa dónde diablos quedaba Timor.

Ocho años más tarde, la vida, que siempre se mueve a merced de vientos impredecibles, me llevó hasta la isla de Timor como guionista de un reportaje televisivo sobre el mayor cementerio de barcos y sobre los desguazadores peor pagados del planeta.

Un vehículo todoterreno me trasladó desde Ocussi a Silang Kupang, que no es un pueblo, ni un villorrio, ni una aldea, sino un hormiguero humano compuesto por miles de individuos que roen, arrebatan, eliminan cualquier atisbo de dignidad a los navíos condenados a la muerte del desguace.

El equipo de televisión deseaba empezar rápido con el

trabajo y yo no sabía por dónde empezar. Recuerdo algunas situaciones de tristeza, pero la de Silang Kupang se pegó a mis neuronas como una lacra. Es difícil imaginar un espectáculo más triste que un barco en su agonía. Los barcos mueren entre lamentos de metales, sin gloria, con la vergüenza de la resignación frente al destino.

En cierto momento en que charlaba con un grupo de usureros encargados de tasar el valor de los restos de metal, madera, alambres o instrumentos, una mano me remeció amistosamente por un hombro.

Era Mister Simpah, con la misma sonrisa que le conociera, con las mismas bombachas, con el mismo turbante.

No me dio tiempo a saludarlo, y entre preguntas por los compañeros del *Moby Dick*, de cuánto tiempo me quedaría en Timor, me jaló hasta una playa emponzoñada de óxido y restos aceitosos.

—Mi paraíso. ¿Qué le parece?

—¿Éste era su paraíso? —atiné a decir.

—Ahora se ve triste, pero hasta ayer había más de doscientas personas desguazando un barco. Era un granelero. Aún quedan restos de la quilla sumergidos.

Mister Simpah notó mi desconcierto y entonces me habló de su trabajo. Con sus ahorros había comprado una extensión de playa no mayor que una cancha de tenis. Allí se desguazaban los barcos que él mismo conducía hasta la muerte.

El trabajo era simple: con la tripulación reducida al mínimo las vetustas naves llegaban hasta unas dos millas de la costa, entonces las abandonaban y Mister Simpah se hacía cargo del timón. Esperaba la pleamar, y cuando ésta llegaba, a toda máquina ponía rumbo a la playa hasta hacerlas encallar. Luego, las hormigas humanas premunidas de sopletes, martillos, barras de hierro o las puras manos hacían el resto.

—Es triste, pero conmigo los barcos no sufren cuando van al desguace, porque mientras espero la pleamar les hablo, les cuento de todos los puertos que tocaron, de todos los idiomas que escucharon, de todos los marinos, de todas las banderas. Los barcos son animales nobles y llegan conformes al paraíso del trabajo.

¿Qué será de Mister Simpah? ¿De su paraíso de metal derrotado?

TRAS LAS HUELLAS DE FITZCARRALDO

Si tuviera que escribir una biografía de Fitzcarraldo empezaría diciendo que fue un pobre sujeto al que los árboles no le dejaron ver la selva de Manú.

Durante siglos Manú permaneció oculto a la mirada codiciosa de los conquistadores, y los pocos que se aventuraron por sus selvas en busca de riqueza rápida, o se perdieron para siempre tragados por los mecanismos de autodefensa de la naturaleza, o salieron de ahí decepcionados e inventando toda clase de embustes.

Algunos aseguraron haberse enfrentado a ejércitos de sanguinarias amazonas, bellas y crueles mujeres que en las pausas guerreras retozaban sobre los troncos a las orillas de los ríos. Hoy sabemos que se referían a gigantescas nutrias, las mayores de su especie, que siguen reinando en las lagunas formadas por los ríos Manú y Madre de Dios.

Durante siglos Manú permaneció en el olvido, hasta que en 1896 Europa y los Estados Unidos decidieron que no había riqueza, progreso ni bienestar posibles sin la dúctil presencia del caucho. Ese mismo, el sujeto de marras, uno de los peores aventureros de todos los tiempos, el brutal e inescrupuloso Carlos Fitzcarraldo posó sus botas en las selvas de Manú.

Amante del *bell canto*, se movía cargando siempre una victrola y cientos de discos de carbón. Los indios machiguengas lo llamaron «el que trae las voces de los dioses» y admirados lo acogieron con ejemplar generosidad. De igual manera se comportaron los kogapakoris y los ashuar. La respuesta de Fitzcarraldo fue esclavizarlos para que recogieran las miles de gotas de látex que cada día correrían por las cicatrices abiertas a los árboles de caucho, mas lo único que corrió en abundancia fue la sangre de los habitantes amazónicos. Los cálculos más optimistas hablan de treinta mil indios muertos en un año. Aquél fue el primer gran encuentro de Manú con la civilización occidental y cristiana.

Un año más tarde y cuando Fitzcarraldo navegaba por el Urubamba, buscando un puerto que sirviera a la vez de terminal para el ferrocarril que ya había ordenado en Alemania, la selva se vengó y tragó para siempre al sanguinario aventurero.

Algunos sostienen que se fue hundiendo lentamente en una ciénaga, y que cuando sólo la cabeza sobresalía en la superficie empezó a cantar un aria, la primera en culminar entre un atroz gorgoteo de agua y hojas podridas. Otros aseguran que, extenuado luego de varias jornadas de navegación por el río Madre de Dios, se durmió y los nativos aprovecharon su ausencia onírica para saltar al agua y dejarlo a merced de la corriente.

Como quiera que haya sido, la muerte de Fitzcarraldo hizo que el mundo olvidara aquel lugar llamado Manú, que empieza en la parte más alta del cerro Tres Cruces, a casi cuatro mil metros sobre el nivel del mar, y desde donde es posible asomarse a un abismo de nubes, a veces blanco, a veces gris, que hace pensar que debajo de ellas continúa el paisaje ocre de los Andes, pero basta con descender los primeros quinientos metros para asomarse al imperio del agua.

Hace frío arriba, mucho frío, aumentado por las persistentes y sorpresivas lluvias que, por una parte, permiten el crecimiento de una vegetación rala, rica en líquenes, musgos, orquídeas inigualables, hierbas medicinales y un sinfín de vegetales de raíces fuertes que, por otra parte, hacen de filtro de los sedimentos y minerales arrastrados por los torrentes que forman las lluvias, los que bajan con su carga de nutrientes vitales para Manú y la Amazonia.

A veces, durante el descenso, una abertura en la capa de nubes deja ver fugazmente la presencia esmeralda de un lago o el vuelo de una bandada de *cuellos de serpiente*, una suerte de grulla palmípeda de plumaje negro azul y blanco, largo cuello gris y alargado pico amarillo. Entonces siento una dicha que no conoció el infeliz de Fitzcarraldo, la de saber que, de las nueve mil especies de aves que viven en el planeta, en Manú se concentran casi mil. Sin embargo esta dicha es breve, pues de inmediato recuerdo que en la vieja y culta Europa, de las tres mil especies de aves contabilizadas a comienzos de siglo apenas quedan quinientas. Qué gran invitación para terminar con la absurda costumbre de la caza de fin de semana, de matar todo lo que vuele.

El descenso continúa. A dos mil metros persiste el frío y la humedad se apropia de la ropa. No es una bajada fácil; los aludes son constantes y basta con que las raíces de un arbusto cedan para que toneladas de lodo y sedimentos se deslicen monte abajo.

Desde el año 1987 en que la UNESCO declaró a Manú patrimonio de la humanidad, es posible volar desde Cuzco hasta la selva, pero el encanto del viaje está precisamente en las dificultades, y éstas son debidamente recompensadas porque, a cada metro que se baja, la vegetación cambia, aumenta el grosor de las especies, la variedad de las orquídeas, el aroma intenso y refrescante de flores desconocidas. Todo crece y va ocupando cada vez más extensión, como si la poderosa voluntad de la selva determinase que ni el más mínimo espacio se quede sin vida.

A medida que se baja aumenta la temperatura. Ya en el valle de Pilcopata, casi a nivel del mar y con las nubes por fin arriba, se respira el aire inconfundible de la Amazonia. Ahí empieza Manú, el millón seiscientas mil hectáreas —casi la extensión de Suiza— que conforman el último de los grandes jardines naturales, por ahora a salvo de la ambición destructora de las transnacionales del oro, la madera o el petróleo.

El sendero iniciado en Pilcopata termina en el caserío de Shintuya. Allí, luego de comer un buen trozo de *boca chica,* un delicioso pescado acompañado de salsa de coco, negocio con un machiguenga para que me lleve en canoa por el río Madre de Dios hasta su confluencia con el Manú.

Los machiguengas son generalmente trilingües; hablan su dialecto, el quechua que les sirve de lengua franca para comunicarse con otros pueblos amazónicos, y un español ceremonioso y rico en gerundios.

—No lloviendo, nosotros un lindo viaje haciendo —me dice mientras me acomodo en la quilla de la embarcación. Toco el agua, está muy fría, tal vez para recordarnos que su caudal nace muy cerca, pero a dos mil metros de altura.

A poco de empezar la navegación, sobre la canoa vuelan los curiosos *gallos de piedra,* aves de sedoso plumaje negro en el pecho, con la cabeza orlada por una suerte de chichón, el que a su vez está cubierto por un manto de plumas rojas que le llegan hasta mitad de la espalda. En las dos orillas se ven árboles habitados por miles de papagayos de todos los colores, enmudecidos y expectantes ante el paso de la embarcación. De las dieciséis especies de papagayos que se encuentran en Suramérica, siete viven en la selva de Manú, satisfechos ante la abundancia de frutos y sin otra ocupación que la de ejercitar su asombroso talento para la imitación de cualquier sonido, por ejemplo, imitar el croar grave y grotesco del *sapo cornudo,* un gigantesco batracio que más parece una desproporcionada bocaza verde coronada por dos cuernos marrón.

Sobre troncos a medio sumergir, las tortugas invitan a la ociosa contemplación de las veinte mil especies de mariposas de Manú, porque ésa es la tierra de los colores, y dan fe de ello no sólo las mariposas sino también la *theobroma,* una orquídea intensamente roja, fosforescente al atardecer, que crece en los troncos de la *chonta,* o la *labios de novia,* otra variedad de orquídea azul y de aroma parecido a la vainilla. Y en Manú también se encuentran colores que incitan a las papilas, como el de la *tabernamontana* que invita al sediento a beber su pulpa anaranjada y fragante.

Avanza la canoa y la selva cambia, siempre cambia, nunca es igual. A veces, tras un recodo de río, las copas de los árboles están ocultas por unos nubarrones. Otras veces sus troncos parecen flotar en la espesa niebla que cubre el suelo. Las islas salpicadas en el río tienen mucho de arca de Noé. Las habitan cientos de especies sin otros temores que los inherentes a la lucha por la sobrevivencia, sin más violencia que la necesaria.

Navegando entre dos islotes el canoero me indica un punto en el cercano y bajo cielo. Entonces tengo el privilegio de ver una ave única; una *arpía*, la más veloz e implacable de las aves rapaces.

Sigo su vuelo. Sé que, por ejemplo, caerá certera sobre un sorprendido *mono gruñón*, un mico de color miel, ojos rojos y gesto malhumorado. El chillido del mono estremecerá la selva, la *arpía* intentará clavarle las garras mientras vuela, y el mono buscará enrollarle al cuello su fuerte cola prensil para estrangularla. Uno de los dos vencerá, pero esto sólo lo sabrá la selva, y no habrá más testigos que el majestuoso tigrillo, la taciturna boa, o algún indio Piro llegado desde la profunda Amazonia en busca de plantas medicinales.

Luego de cinco horas de navegación arribamos a unas extensas playas habitadas por nutrias gigantes, bellas, sensuales, siempre alerta ante la amenazadora y tenaz ferocidad de los caimanes, por fortuna hoy sus únicos enemigos.

Se estima que hace cincuenta años vivían unas diez mil nutrias gigantes en los ríos amazónicos. La piel de la mayoría de ellas terminó cubriendo los pellejos de damas adineradas de Europa y los Estados Unidos. En la actualidad hay unos cien ejemplares en Manú, y son las últimas nutrias gigantes que quedan en nuestro sufrido planeta.

Manú es un territorio de sobrevivencia y contraste. En una hectárea de su superficie crecen doscientas especies de árboles. En toda Europa hay apenas ciento sesenta. Aquí la vida se autoinmola y se recrea en el formidable caos de los orígenes. Las tormentas derriban los árboles más altos, los ríos los sumergen y sus troncos sirven de alimento a peces e insectos, los que, pasada la estación de las lluvias, serán la mejor invitación para el arribo de las cigüeñas *jabirú*, que llegan del Atlántico, fatigadas de volar sobre el Chaco Impenetrable y el bajo Matto Groso.

Así llega la noche y el canoero machiguenga me propone un recodo de río para descansar. Compartimos su yuca cocida y mis galletas integrales. Agua del río y unos cigarrillos que predisponen a charlar un poco.

Mientras rodea el lugar con sus amuletos protectores, en su particular español me enumera todo lo visto para que entienda que el mundo en Manú está y es como debe ser. Tendido junto al fuego miro las estrellas, y siento la presencia de millones de insectos. Sí. De millones. En 1959 los científicos del Smithsonian Institute realizaron el primer catastro entomológico de Manú, y concluyeron que la riqueza del planeta aumentaba en treinta millones de especies.

La noche selvática lo envuelve todo con su particular silencio construido por miles de rumores. Es el mecanismo prodigioso de la vida que tensa sus músculos para facilitar el parto de la *Venus nocturna,* una orquídea pequeña como un botón de camisa, de vivo color violeta, que abre sus pétalos con las primeras luces del amanecer y muere a los pocos minutos, porque la diminuta eternidad de su belleza no resiste la luz de Manú, que cambia incesantemente, según los humores del cielo, del agua y del viento.

Nada de esto vio Fitzcarraldo. La codicia será siempre como una aguja de hielo en las pupilas.

SHALOM, POETA

Nunca me he encontrado con el poeta judío Avrom Sützkever, pero un pequeño volumen de sus versos traducidos al español viaja conmigo adonde quiera que vaya.

Admiro a los resistentes, a los que han hecho del verbo «resistir» carne, sudor, sangre, y han demostrado sin aspavientos que es posible vivir, pero vivir de pie, incluso en los peores momentos.

Avrom Sützkever nació un día de julio de 1913 en Smorgón, un pequeño pueblo cerca de Vilna, la capital de Lituania. Aprendió a nombrar las pequeñas maravillas de la infancia en yídish y en lituano, mas, antes de cumplir los siete años —judío al fin y condenado al camino—, su familia debió emigrar a Omsk en Siberia, y allí se encontró con el quirguiz, el único idioma para describir la melancólica naturaleza siberiana.

Cielos infinitos, aullidos de lobos, viento, tundra, bosques de abedules, y su padre desgranando notas en un nostálgico violín son los elementos que nutren los primeros versos de Sützkever, pero la vida que aguardaba al pequeño poeta no estaba tapizada de rosas.

A los nueve años y tras la muerte del padre regresó a Vilna que, como todas las ciudades de Europa oriental de significativa presencia judía, era un foco de irradiación cultural. Einstein y Freud visitaban a menudo la entonces llamada «Jerusalén del Báltico» para dictar conferencias y profundizar sus teorías. Proliferaban las revistas literarias, científicas y de pensamiento político. La relevancia ética de aquella Vilna ilustrada traspasaba las fronteras, hasta que empezaron a percibirse los gruñidos de la bestia nazi, y la agresión alemana a Polonia desencadenó la Segunda Guerra Mundial.

¿Podrán naufragar barcos en tierra? / Yo siento que bajo mis pies naufragan barcos, escribió Sützkever, y no tardaría en conocer los primeros efectos del naufragio; los alemanes invadieron Lituania y los judíos fueron confinados en un gueto.

La primera noche en el gueto es la primera noche en el sepulcro / después uno se acostumbra, escribió Sützkever, sin embargo sus versos no encerraban resignación alguna, sino que hablaban de la necesidad de resistir para salir del sepulcro.

A los dos años en el gueto de Vilna y en un amanecer, los nazis indicaron a las personas, a los seres vivientes, a los integrantes de la gran familia humana que debían morir ese día. Avrom Sützkever se vio entre ellos, cavando la fosa sobre la que caerían los cuerpos.

Las palas y las azadas entraban y salían de una tierra reblandecida por las lluvias, casi sin encontrar más resistencia que algún cascote, un hueso o un resto de raíz. De pronto, la azada que sostenía Avrom Sützkever partió en dos un gusanillo, y el poeta contempló con asombro que las dos mitades se seguían moviendo…

… el gusano partido en dos se hace cuatro / otro corte de nuevo y se multiplican los cuatro / ¿y todos estos seres creados por mi mano? / vuelve el sol entonces a mi ánimo sombrío / y la esperanza fortalece mi brazo: / si un gusanito no se rinde a la azada / ¿eres tú acaso menos que un gusano?

Avrom Sützkever sobrevivió a aquel fusilamiento. Herido, su cuerpo cayó a la fosa junto a sus compañeros muertos, los cubrieron de tierra, y ahí siguió resistiendo.

Resistió su razón y fue más fuerte que el miedo y el dolor. Resistió su inteligencia y fue más fuerte que la ira.

Resistió su amor por la vida y en él encontró las energías necesarias para salir de la muerte, vivir clandestino en el gueto, y organizar una columna de combatientes que, comandada por el poeta, empezó la resistencia armada en los países bálticos.

Los sobrevivientes del holocausto jamás dejarán de recordar los mensajes esperanzadores que, en medio del horror, Sützkever les hacía llegar hasta los guetos de Europa central o hasta los mismos campos de exterminio. Uno de ellos es un memorable, magnífico canto de resistencia llamado «Ciudad Secreta». En él, Sützkever describe la vida de diez personas —el quórum judío para rezar en comunidad— que sobreviven en la total oscuridad de una cloaca. No tienen qué comer, pero uno se encarga de respetar el rito kosher. Están semidesnudos, pero otro se encarga de cuidar las ropas. Una mujer embarazada asume el cuidado y educación de los pequeños, no tienen médico, pero alguien aconseja y consuela, un ciego vigila pues su mundo es el de la oscuridad, un rabino vestido apenas con un pergamino sagrado ruega ser el zapatero, un muchacho hace de líder y organiza la venganza, un maestro lleva diariamente la crónica que preserva la memoria, y un poeta se encarga de recordarles la belleza.

En 1943 el poeta tiene treinta años y es uno de los líderes importantes de la resistencia antinazi. Su prestigio traspasa fronteras y, tras varios intentos fallidos, un avión militar soviético consigue aterrizar tras las líneas alemanas para conducirlo a Moscú. Allí lo esperan Ilya Ehrenburg y Boris Pasternak. Ante el comité antifascista judío da cuenta de los alzamientos en los guetos de Varsovia y Vilna y pide los tres elementos capitales que tal vez hubieran salvado muchas vidas: decisión, armas y solidaridad.

Los intelectuales lo invitan a quedarse en la URSS, los poetas alaban su poesía, le ofrecen incluso el premio Stalin, pero Avrom Sützkever rechaza todo y decide que su lugar está en la resistencia.

Terminada la guerra, Sützkever fue un testigo clave en

los juicios de Nüremberg contra los jerarcas nazis y, luego, evitando cualquier exceso de protagonismo, en 1947 a bordo de un barco llamado *Patria* llegó a Palestina —*donde cada piedra es mi abuelo*— en vísperas del nacimiento del Estado de Israel.

Nunca he visto al poeta judío Avrom Sützkever, pero me enseñó que *nosotros los soñadores debemos convertirnos en soldados*. Sé que pronto cumplirá ochenta y ocho años y con seguridad detestará que le mencionen su venerable edad porque *los ancianos mueren en plena juventud / y los abuelos son sólo niños disfrazados*.

Nunca lo he visto, pero sus versos y su ejemplo me acompañan como el pan y el vino.

EL PIRATA DEL ELBA

Una calle de Hamburgo lleva el nombre del burgomaestre Simon von Utrecht, pero casi ningún hamburgués sabe quién fue este sujeto ni por qué merece ser recordado. Lo único que saben de él es que ordenó la ejecución de un hombre que vive en las memorias de los irreverentes, en cientos de canciones y narraciones que se cuentan a la orilla del mar del Norte, o en los cálidos cafés de Weddel o Blankenesse.

El hombre que sí es recordado se llamó Klaus Störtebecker y era un pirata. El Pirata del Elba.

En el año 1390 la Liga Hanseática imponía a sangre y fuego su dominio mercantil sobre el Atlántico Norte y el mar Báltico. La Liga establecía impuestos absurdos, fijaba precios arbitrarios a los artesanos y agricultores, y en sus mil barcos los capitanes hanseáticos se valían de la horca para castigar cualquier falta.

Pero, y como siempre ha ocurrido en la historia, un grupo de navegantes liderados por Klaus Störtebecker, un gigantón de rostro fiero y barba bermeja, dijo no, basta ya de impuestos, látigo y cuerda, y tras un motín se hicieron con una nave que empezó a navegar bajo la bandera de la libertad.

En 1392, en la isla de Gotland, los hombres de Störtebecker dictaron su declaración de principios a un sacerdote que tradujo al latín las palabras pronunciadas en todos los dialectos que se hablaban en el norte de Europa. Ellas decían que los hombres son escogidos por Dios para practicar la felicidad y, que sólo la felicidad otorgaba la necesaria vitalidad para soportar cualquier penuria.

A partir de aquel momento empezaron a llamarse «Die Vitalienbrüder», los Hermanos Vitales, y fueron el azote de la Liga Hanseática.

Abordaban los barcos cargados de bienes, interrogaban a los marinos respecto de los últimos castigos sufridos, y muchos oficiales y capitanes sintieron en sus carnes los zarpazos del gato de siete colas, o el aire mezquino que permite la horca. El botín era repartido, la mitad entre la cofradía, y la otra mitad entre las poblaciones ribereñas del Elba o de las costas del Báltico. La llegada de Störtebecker y los Vitalienbrüder era esperada como una bendición por los pobres de entonces.

Como era de esperar, la Liga Hanseática puso precio a la cabeza del pirata, y docenas de capitanes alemanes, suecos y daneses se lanzaron a su captura.

No lo tuvieron fácil, porque Klaus Störtebecker conocía todos los secretos del Elba y resistió hasta bien entrado el año 1400.

Una mañana de primavera de ese año, todo Hamburgo se dio cita junto a Teuffelsbrücke, el Puente del Diablo, para presenciar la ejecución del pirata y de un centenar de sus camaradas.

Simon von Utrecht, el burgomaestre, pronunció la sentencia con voz firme: muerte por decapitación. El verdugo hizo relucir la espada y esperó a por la primera víctima, que debía ser un marino sin rango, puesto que, parte del castigo impuesto a Störtebecker era ver morir a sus hombres.

Entonces el pirata de la barba bermeja habló:

—Quiero ser el primero, y es más; le propongo un trato para mejorar el espectáculo, señor burgomaestre.

—Habla —ordenó Simon von Utrecht.

—Quiero ser el primero. Quiero ser decapitado de

pie, y quiero que por cada paso que dé una vez que mi cabeza haya tocado el suelo se salve uno de mis hombres.

¡Viva el Pirata del Elba!, gritó alguno entre la multitud, y el burgomaestre, seguro de que todo era una fanfarronería, aceptó.

La siseante hoja de acero cortó el aire de la mañana, entró por la nuca y salió por la barbilla del pirata. La cabeza cayó sobre los tablones del puente y, ante la estupefacción de todos, el decapitado dio doce pasos antes de desplomarse.

Esto ocurrió una mañana de primavera del año 1400. Casi seiscientos años más tarde, la primera semana de julio de 1999, la policía de Hamburgo detuvo a varios muchachos que intentaban por centésima vez cambiar el nombre de una calle. Llevaban unas largas pegatinas azules con letras blancas en las que se leía: «Calle Klaus Störtebecker», y las ponían cubriendo las placas metálicas que llevan el nombre del nada célebre burgomaestre Simon von Utrecht.

Mis hijos aman esta historia y espero contarla algún día a mis nietos, porque si bien es cierto que la vida es breve y frágil, también lo es que la dignidad y el valor le confieren la vitalidad que nos hace soportar sus trampas y desdichas.

CHUCHÚ Y EL RECUERDO DE BALBOA

«La historia de Panamá es tan febril que sólo puede ser explicada a través de la literatura.» Esto se lo escuché decir a José de Jesús Martínez, *Chuchú*, el hombre que más supo del istmo, de sus selvas, animales y gentes. Al tipear estas líneas me lo repite desde una cinta grabada en 1979, y sé que no podré escribir sobre Balboa sin el auxilio de su recuerdo.

«Y Panamá es también una tierra de ingratos, aquí nunca se supo ni se sabe para quién se trabaja», agrega Chuchú Martínez mirando la punta incandescente de su habano en un restaurante de Colón. Una vez más tiene razón, porque en el libro escrito por el Bachiller no hay una sola mención del viaje de Balboa y del descubrimiento del Pacífico, de la misma manera como se le escatima a don Rodrigo Galván de Bastidas el mérito de ser el descubridor de Panamá, aunque los escolares panameños corean cada día lunes que con él empieza el período hispano del país.

Galván de Bastidas era un comerciante sevillano y experto navegante que acompañó a Colón en su segundo viaje al nuevo mundo. Navegó por toda la costa noreste de Suramérica, y luego de Centroamérica hasta la isla de San Blas. Fue el primer europeo que pisó tierra firme americana mientras el Gran Almirante genovés permanecía a bordo y revisaba con obsesión las cartas marítimas de Paolo Toscanelli, convencido de que se encontraba muy cerca de

Asia; pero, sin embargo, a causa de esos que han confundido la historia, Colón se apoderó de la gloria de haber sido el fundador de la primera población europea en tierra continental: Santa María de Belén, fundada en 1503 en la costa caribe de Panamá. Como dice Chuchú: nadie sabe para quién trabaja.

«Como los actuales, aquéllos eran tiempos llenos de sorprendentes estupideces. ¿Conoces la historia de la nao de las ratas?», pregunta Chuchú, y sin esperar respuesta empieza a narrar con su acento caribe.

Una vez fundada Santa María de Belén, Colón, bastante inquieto por la tardanza del capitán Fernando Álvarez Hidalgo de la Sierra, que debía llegar con suministros de España, se hizo a la mar para salir a su encuentro y, a los pocos días de navegación, uno de los gavieros divisó en el horizonte una carabela a la deriva. El Gran Almirante ordenó abordarla y, al subir a cubierta, el espectáculo que allí le esperaba lo descompuso.

La nao estaba tripulada por cientos de ratas que, luego de arrasar con todas las provisiones, se ensañaron con los infelices marinos. Roían los huesos mondos de aquellos desgraciados. Lo roían todo; de las velas no quedaban más que jirones, de los cabos, hilachas, y en el castillo de mando, de maderas adornadas con finos sobrerrelieves, unas ratas pequeñas se entretenían entrando y saliendo por las cuencas vacías del capitán.

Fernando Álvarez Hidalgo de la Sierra, católico riguroso, siempre había visto en los gatos la encarnación de Satanás, y por eso se negó a embarcar los necesarios felinos en su nao.

«Balboa. Vasco Núñez de Balboa. De él se sabe muy poco. Su biografía está llena de lagunas tal vez premonitorias de la que más tarde sería la historia del Canal», agrega Chuchú.

Vasco Núñez de Balboa, según los grabados que de él se conocen, era un apuesto aventurero nacido en Jerez de los Caballeros en 1475. Recién cumplía los veinticinco años cuando decidió que una parte de las anunciadas riquezas de las Indias le pertenecían y, ni corto ni perezoso, se embarcó en la nave al mando de Galván de Bastidas. Su nombre aparece por primera vez en la crónica fundacional de Santa María de Belén, el asentamiento que hizo pensar a Colón, a los expedicionarios y al mismo De Bastidas que, contando con aquella retaguardia y fuente de suministros les sería fácil encontrar la Tierra del Oro, El Dorado, o como llamasen a aquella superchería que según Colón estaba necesariamente más al sur.

Pero las buenas estrellas se negaron a brillar sobre la villa. Los constantes ataques de los indios caribes, cansados de la conducta abusiva de los extraños; las nubes de mosquitos transmisores de fiebres terribles; el clima caliente y húmedo que, curiosamente, sólo soportaban los vizcaínos; la espesa e impenetrable vegetación; la inhóspita región montañosa que impedía cumplir las órdenes del Almirante y buscar un paso hacia el sur, les obligaron a abandonar el lugar, y el 16 de abril de 1503 zarparon de regreso a España sin mayores glorias pero con muchas penas a cuestas.

No se sabe con certeza qué hizo Balboa ni dónde estuvo los siguientes siete años, pero en 1510, y huyendo de sus acreedores, según algunos, se puso bajo las órdenes de Martín Férnandez de Enciso, el Bachiller, que desde Santo Domingo organizó una expedición para socorrer a Alonso de Ojeda, compañero de Colón, famoso por ser el autor de la celada que permitió capturar al indómito cacique Caonabó, y que en 1499 zarpó de Cádiz con su propia expedición en la que figuraban dos ilustres marinos: Juan de la Cosa y Américo Vespucio. Ojeda estaba sitiado por los nativos en la colonia de San Sebastián, frente al golfo de Urabá.

«Ojeda fue un tipo sensato. Descubrió y bautizó Venezuela, volvió a España cargado de cadenas acusado de robo y prevaricación, salvó el pellejo nada más que por su amistad con el obispo Fonseca, regresó a Centroamérica en gloria y majestad, fundó el fuerte de Calamar en Cartagena; pero, cansado de luchar, se retiró y terminó sus días en un convento franciscano de La Española. Tirar la toalla a tiempo es un acto de sensatez», asegura Chuchú.

Balboa no era de los que tiraban la toalla con facilidad. Junto al Bachiller y otros expedicionarios llega tarde a San Sebastián, encuentra la colonia destruida, y con los sobrevivientes toma las de Villadiego rumbo a Cartagena. Ahí, Enciso, que dispone de varias naos y bastimentos, les ordena regresar a Urabá, pero Balboa se opone y alega que lo más acertado es dirigirse hasta el golfo de Darién y levantar allí un nuevo asentamiento.

«Balboa era un aventurero, pero intuía que no todo lo que brilla es oro. Tal vez fue el primero en ver las otras riquezas del istmo», comenta Chuchú.

Enciso insistió en sus órdenes, pero Balboa le replicó que, con una fortificación en la parte alta del golfo, y teniendo el dominio de la playa por delante y la protección de la selva por detrás, estarían seguros como en ninguna otra parte.

Y era cierto, porque el golfo de Darién estaba rodeado por una espesa selva de corotú, cerezo, naranjillo, laurel y caoba negra que, además de proteger, aseguraba buenas maderas para construir casas y barcos.

La discusión de los españoles terminó con el apresamiento del Bachiller. Balboa tomó el mando, le confiscó los bienes, y lo mandó de vuelta a España encadenado y bajo la acusación de ejercer un mando sin autorización real.

Bajo las órdenes de Balboa, en 1511 se levanta Santa María la Antigua del Darién, llamada a ser la villa más importante de la provincia de Castilla del Oro, que se extendía desde Urabá hasta lo que hoy es Honduras.

El enclave creció rápidamente. Desde la cercana selva los colonos escuchaban el canto de las aves, el rugir de los pumas y ocelotes, cazaban jabalíes, tapires y corzos de monte, temían a la boa y a la mortal coralillo, se divertían con los micos y devoraban los huevos de las pacientes tortugas. No les faltó casi de nada. La naturaleza era generosa y, cuando el rigor de los vientos alisios les hizo sentir más largo el tórrido invierno que dura de mayo a diciembre, entonces se alimentaron de las fragantes guayabas, de los blancos chirimoyos, de la carne áspera del coco, del mantecoso aguacate, de los bananos que combaten eficazmente las diarreas, y de la perturbadora pulpa del mamey.

En 1512 llega a Santa María la Antigua del Darién don Diego de Nicuesa, nombrado gobernador de Castilla del Oro por el rey Fernando el Católico. Nicuesa viene seguido de un ejército de setenta hombres derrotados, sobrevivientes de los setecientos que fundaron la colonia Nombre de Dios en 1511, y que fuera borrada del mapa por los indios caribes a menos de un año de su fundación.

Cuando Nicuesa intenta asumir el mando que su rango obliga, él y sus hombres son expulsados del lugar por los seguidores de Balboa. Y no es un sentimiento de lealtad al jefe lo que les mueve. De los indios han escuchado que muy cerca de allí hay islas llenas de perlas, y ríos por los que fluyen el oro y las piedras preciosas. Mientras menos haya, más generoso será el reparto.

Poco tiempo después, la corona española reconoce la legitimidad del mando de Balboa y recibe los títulos de capitán y administrador de La Antigua. Con el poder confirmado, Balboa consigue que desde Santo Domingo le envíen los suministros para asegurar la villa y así puede organizar expediciones exploratorias por el istmo. De ellas aprende que no puede moverse por la selva sin el apoyo de los indios, y así establece una alianza con el cacique Caretas: los españoles le protegen de los ataques de otras etnias a cambio de guías y cargadores. Para sellar la alianza, Balboa toma como mujer a Anayansi, la hija más joven del cacique.

A finales de 1512, Balboa escribe a Fernando el Católico: «En esta provincia existen minas riquísimas en oro de alta ley, hemos topado con treinta ríos y todos arrastran escamas de oro, por lo que estimo que la fuente está oculta entre los montes a unas once leguas de aquí.»

En mayo de 1513, buscando las fuentes auríferas, Balboa cruza el territorio del cacique Comagre. Es bien recibido, y del indio escucha que al otro lado de las montañas y hacia el sur se encuentra el imperio de la riqueza. Allí les está esperando todo el oro que puedan imaginar.

«En ese momento empieza la tragedia de Vasco Núñez de Balboa», comenta Chuchú.

El 1 de septiembre de 1513, al mando de doscientos colonos y ochocientos indios dispuestos por su suegro, el cacique Caretas, Balboa emprende la marcha con rumbo sur, hacia las primeras selvas altas de la serranía de Darién. Entre ellos marcha un soldado silencioso, Francisco Pizarro, que años más tarde ganará trágica celebridad como destructor del incario.

Llueve. Suben penosamente los montes abriéndose paso a golpe de espada. Llueve. Los cuerpos se hunden hasta media pierna en el camino cenagoso, pican los alacranes, los mosquitos se convierten en diminutos demonios insoportables, nunca deja de llover, estorban los mosquetes inútiles porque las mechas se han apagado y será imposible volver a darles yesca, los petos acorazados son una carga lacerante y absurda, los reptiles venenosos se cobran las primeras víctimas, y a la semana de viaje el trato hacia los indios se torna cruel, cada vez más cruel, hasta que éstos empiezan a desertar.

Sin el apoyo de los indios los españoles se extravían fácilmente en el laberinto de la selva. Balboa dispone castigos para aquellos que maltraten a los nativos, pero aun así, la lluvia, la selva que parece crecer en cuanto le dan la espalda y los mil peligros siseantes hacen que la marcha por una jungla casi siempre en tinieblas sea lenta y penosa.

Mientras Balboa y sus hombres se abren paso entre la espesura, en España aumentan las dudas respecto de las aseveraciones de Colón, que insiste en haber descubierto la parte trasera de Asia. Fernando el Católico no deja de leer y releer una misiva de Balboa en la que éste sostiene que en realidad han dado con una «Terra Incognita», desconocida y llena de posibilidades para establecer el imperio de la cruz, y para sacar de ella riquezas insospechadas con rumbo a Europa, sirviendo así a Dios y su majestad.

A las dos semanas de penosa marcha, los expedicionarios descienden las laderas sur de la serranía de Darién y descansan a las orillas del río Chucunaque. Han avanzado casi cien kilómetros y de los doscientos colonos apenas la mitad se mantiene en pie. La mayoría de los indios ha desertado y los pocos que permanecen junto a los españoles se ven tan fatigados como ellos. Pero, y pese a todo, reanudan la empresa siguiendo el curso del río, y así llegan a la desembocadura de éste en el Tuira, el río más importante del istmo. A partir de ahí, y bordeando los mil cuatrocientos metros de las alturas de Pirre, la vegetación se presenta baja y la marcha se hace más penosa a causa de la lluvia que cae implacable sobre los cuerpos.

El Tuira se va tornando ancho y caudaloso. El terreno, dominado desde el sur por las serranías de Bagre, es pantanoso y amenazador. Sólo los pocos indios que todavía los acompañan conocen los peligros dentudos del manglar.

Por fin, al mediodía del 25 de septiembre de 1513, el río Tuira los conduce hasta una solitaria bahía. Allí, Balboa y sus hombres ven por primera vez el Pacífico, el inmenso Mar del Sur. Es el día de San Miguel y, luego de besar la arena y tomar posesión de ese «Grande Océano» en nombre de Fernando el Católico, Balboa bautiza el lugar como Bahía de San Miguel.

«Encontró el Pacífico, agua, mucha agua, pero ni una pepa de oro. Por eso los sobrevivientes se le amotinaron conminándole, no a regresar, sino a seguir adelante», indica Chuchú.

Y siguieron. Bordeando la costa del que más tarde se llamaría Golfo de Panamá, hasta que la vista de unas islas los decidió a tumbar árboles para construir unas balsas y navegar hasta ellas.

Había perlas en las islas, miles de perlas, y pasaron a llamarse archipiélago de Las Perlas.

El 19 de enero de 1514, Balboa y un reducido grupo de sus hombres regresaron a La Antigua para dar a conocer a España la noticia del «Grande Océano». Mientras hacía el camino de regreso, Balboa ignoraba que su desgracia ya navegaba a toda vela con rumbo al istmo: una poderosa armada de veintidós naves tripuladas por dos mil hombres se acercaba a La Antigua. Al mando venía Pedro Arias de Ávila, Pedrarias, un soldado de setenta años famoso por el valor demostrado en la expulsión de los moros de Granada, y junto a él venía Martín Fernández de Enciso, el Bachiller, con muchas pero muchas ganas de desquite.

La situación cambió rápidamente en La Antigua. El trato amistoso hacia los indios practicado por Balboa fue reemplazado por la brutalidad exterminadora. Las estructuras casi democráticas que consideraban la opinión de los caciques, fueron pisoteadas por la ferocidad conservadora del viejo guerrero sediento de poder.

Balboa, sabedor de que gozaba del aprecio de Fernando el Católico, se sintió a salvo de las intrigas y puso empeño en frenar las violentas actuaciones de los soldados al mando de Pedrarias, y como una forma de establecer un pacto de paz con el anciano le propuso matrimonio a una hija de éste, pero todo fue en vano. Tras la muerte del rey Fernando, su sucesor, Carlos V, despojó de autoridad a Balboa y fue fácil blanco de la venganza.

Pedrarias lo arrestó acusándolo de conspiración contra el primer gobernador, el Bachiller, y el 12 de enero de 1519 fue condenado a muerte y ejecutado.

«Legó un ejemplo de hombre honesto y pacífico. Es curioso, pero hasta ahora los cunas y los chocós hablan bien de aquel español. Es el único español que dejó un buen recuerdo. Balboa. La moneda nacional panameña lleva su nombre, pero no existe. A lo mejor tampoco existe la honestidad y por eso es tan importante para nosotros», reflexiona Chuchú.

Es cierto. La honestidad es una virtud muy apreciada por los panameños. Cuando en 1979 se firmó el tratado Torrijos-Carter que devolvió a Panamá la soberanía sobre la zona del Canal, el presidente norteamericano se presentó a la ceremonia acompañado de docenas de asesores y generales. A Omar Torrijos le acompañaban dos escritores, Gabriel García Márquez y Graham Greene, y un sargento de la guardia nacional panameña; José de Jesús Martínez, *Chuchú.*

Carter firmó primero y le ofreció la estilográfica a Torrijos; éste vaciló, jugueteó con la pluma, y finalmente se dirigió a su amigo.

—¿Firmamos, Chuchú? —le consultó, mientras las bolsas de valores de todo el mundo temblaban como en un ataque global de malaria.

Chuchú, entonces, observó largamente el rostro de Jimmy Carter, le miró el pelo, las orejas, los labios, los ojos, todo, para concluir:

—Sí, este gringo tiene cara de honesto.

EL PAÍS DE LOS RENOS

Las mujeres laponas son de una extraña y misteriosa belleza y, de la misma manera que a los hombres, no les agrada el gentilicio impuesto por los suecos e insisten en que son «samens», pero como en nuestro idioma todavía no existe una traducción adecuada para tal palabra me veré obligado a llamarlos laponas y lapones.

En eso pensaba cuando, a comienzos de enero, entré a una agencia de viajes en Estocolmo y pedí un billete para Kiruna, ciudad lapona que dista 1.260 kilómetros de la capital sueca.

Una gentil dependienta me miró, suspiró, y a continuación me preguntó si acaso sabía que en el norte hacía frío, pero mucho frío.

Tenía razón la dependienta. Una ola de frío se abatía sobre Escandinavia consiguiendo que la temperatura, de por sí baja en esa época del año, bajara hasta extremos difíciles de tolerar.

—Hay 36 grados bajo cero en el norte —indicó.

Pero también hay calor en Laponia, porque están los lapones, que siguen al pie de la letra los versos del poeta Paulus Utsis: *Sopla el fuego para que no se apague / atízalo para que brillen sus ascuas / y luego aliméntalo con leña seca / para que las brasas y el calor de nuestra cultura sigan vivas.*

Salí de ahí con un billete y, al día siguiente, ya instalado en el avión que me llevaría a Kiruna, recordé los días felices vividos en Laponia a mitad de los años ochenta. Había estado allí durante el mes de julio, en medio de días interminables y visitando a una extraña mujer chilena que se hizo lapona por amor.

Se llamaba —y espero que siga llamándose— Sonia Hidalgo, una antropóloga que llegó a Laponia en 1979, cuando el gobierno noruego anunció la construcción de una central hidroeléctrica en Altaev.

Para conseguirlo debían desforestar una enorme región de la que siempre usufructuaron los lapones, y esto dio motivos para una fuerte protesta, no sólo de los lapones de Noruega, Suecia y Finlandia, sino también de numerosas organizaciones ecologistas.

Por aquel tiempo, en Suecia tenía lugar un contencioso protagonizado por todos los pueblos lapones contra el Estado sueco. Se trataba del derecho de usufructo de los territorios de cría de renos en los *fjälls* (montes). Tras quince años de tira y afloja la Corte Suprema de Estocolmo emitió el siguiente fallo: los lapones tenían derecho de usufructo parcial de los territorios en litigio, pero como desde los tiempos de Gustav Wasa, fundador del Estado sueco y de la monarquía hereditaria que reina desde 1523, Laponia es propiedad del Estado, sólo éste puede decidir sobre su uso y destino.

Los lapones perdieron esa batalla, la central se construyó, y el recuerdo de una absurda ley sueca promulgada en 1971 hizo más amarga esa derrota: ella determinaba que, ni la cultura, ni el idioma, artesanía, tradición, ligazón histórica o lugar de nacimiento eran determinantes para ser o no ser lapón. Lo fundamental era vivir de la cría de renos.

En 1980, sólo dos mil trescientos de los quince mil lapones que viven en Suecia se dedicaban a la cría de renos. Luego de la catástrofe de Chernóbil fueron menos de mil quinientos, porque las radiaciones contaminaron a gran parte de los rebaños, además de los seres humanos. August

Strindberg hubiera repetido: *Det är synd om människorna* (qué pena para la humanidad).

Pero Sonia Hidalgo y su compañero Masi Valkeapää siguieron en la brecha, y tal vez a gentes como ellos se deba que el Estado sueco haya subsanado la monstruosidad de mantener prohibido durante siglos el idioma lapón. Hoy se imparten dos horas semanales en las escuelas laponas, sin embargo es muy poco para mantener viva la base de una cultura.

Kiruna es una bella ciudad que, desde el aire y en invierno, se ve como una delicada mancha rojiza sobre un panorama uniformado por la penumbra que crean la nieve y la oscuridad. En verano, en cambio, se ve como una alegre villa rodeada por un paisaje intensamente verde, con cientos de lagos y ríos que la circundan.

Hace un frío que duele. Veintiocho grados bajo cero, pero la ropa térmica alquilada en Estocolmo da seguridad, y así me echo a caminar en busca de dos recuerdos.

La ciudad es sede de numerosas instituciones científicas que investigan sobre la vida en condiciones tan extremas y sobre la asombrosa fragilidad de esta enorme región. El comercio ofrece todas las novedades de la moda y las tecnologías a los esforzados trabajadores de las minas de hierro que, a setecientos metros de profundidad, escarban las entrañas de esta helada tierra. Por fin, cerca de la estación de trenes, llego hasta uno de mis recuerdos.

Es un monumento semitapado por la nieve, que muestra a cuatro hombres cargando un trozo de raíl. Se trata de un homenaje a los legendarios protagonistas de una proeza sobrehumana: entre 1882 y 1900 construyeron el ferrocarril que, saliendo de Luleä, pasando por Malmberget y Kiruna, atraviesa luego quinientos kilómetros de montes, glaciares, pantanos y bosques, hasta alcanzar el puerto de Norvik, en Noruega, en donde el hierro era y es embarcado hacia el resto del mundo.

Cuatro mil lapones, hombres y mujeres, lograron tal

azaña. Trabajaron con temperaturas de cincuenta grados bajo cero, soportaron enfermedades, ataques de osos, de lobos, y sufrieron accidentes que mataron a más de la mitad. Sus cuerpos, enterrados primero junto a las vías, años más tarde fueron reunidos en el cementerio ferroviario de Torneham, en la frontera sueco-noruega. Frente a este monumento, como Romain Gary saludo: «¡Gloria a los ilustres pioneros!»

El otro recuerdo es una modesta cruz de granito con la inscripción: «Ana. Noruega.» Muy poco se supo de esta mujer fallecida de tuberculosis en el invierno de 1889: apenas que trabajaba de cocinera para los obreros del ferrocarril y que, por estar siempre cubierta de hollín, la apodaban La Osa Negra. Con el paso de los años se convirtió en heroína de varias novelas, canciones y películas. Para perpetuar su memoria, los obreros del ferrocarril acuden a Narvik cada primavera, y allí eligen una reina de belleza que luce corona de carbón y ostenta el título de Miss Osa Negra.

Desde Kiruna y desde cualquier lugar de Laponia todos los caminos llevan a Jokkmokk, un poblado fundado por el rey Karl IX en 1605, según la historia sueca, pero los lapones aseguran que Jokkmokk existía desde varios siglos antes y que, lo que el rey hizo fue construir una iglesia, un mercado para dar salida a los productos de los artesanos suecos, y de paso imponer una curiosa forma de pagar impuestos que se mantiene hasta hoy.

Durante el verano, el mercado de Jokkmokk es un lugar frecuentado por turistas seducidos por la singular belleza de la artesanía textil lapona, pero cada cinco años y en pleno invierno, se dan cita ahí los criadores de renos y los recaudadores de impuestos.

Llegan al mercado luego de dejar sus rebaños en las inmediaciones, y solicitan el concurso de policías para que hagan de ministros de fe durante el censo de los renos. Esto lo hacen en febrero, porque con más de un metro de nieve resulta fácil mantener reunidos a los rebaños. Uno tras otro los animales son laceados y conducidos hasta donde están los policías provistos de brochas y tinta roja indeleble con que los marcan en el cuello. Sólo cada tercer animal es contabilizado, de tal manera que la cantidad exacta de cabezas es la cantidad anotada multiplicada por tres, pero se pagan impuestos por la tercera parte. Hembras, terneros, animales de tiro o castrados tienen valores diferentes, y es en función de tal valor que se pagan los impuestos. Unas dos semanas luego del censo, los policías y los recaudadores de impuestos regresan a comprobar que cada tercer reno tiene su marca de tinta roja. Si encuentran uno que, con todas las complicadas divisiones y multiplicaciones del sistema, evidencie una infracción, entonces su dueño debe pagar un impuesto adicional multiplicado por tres. Cada dueño de rebaño marca además sus animales en las orejas y con señas muy particulares. En caso de encontrar renos con marcas irreconocibles, éstos son decomisados y rematados en el mercado de Jokkmokk. Así se han dado casos de dueños de rebaños que, por culpa de algún lobo que arrancó una oreja de su reno favorito, ha debido pagar dos veces por el mismo animal. Los impuestos se pagan por adelantado para los próximos cinco años y, si al cabo de ellos un propietario ha perdido animales, recupera el impuesto de las cabezas perdidas multiplicado por tres. Al comentarle a un lugareño de Jokkmokk que todo esto me parecía excesivamente complicado, me respondió que más difícil todavía lo tenían los lapones de Finlandia, porque ellos, a esta singular regla de tres agregan el peso y volumen de las astas.

Jokkmokk está a doscientos veinte kilómetros al sur de Kiruna, y viajar hasta allí en verano es particularmente bello, porque la carretera cruza soberbios bosques de abedules, lagos, la estupenda ciudad de Gallivare, donde hacen un incomparable helado de leche, miel y azafrán, y se bordea el parque nacional de Muddus, pero en invierno, las bajas temperaturas no ofrecen nada más —ni nada menos— que un paisaje blanco de nieve y árboles cristalizados.

En la agencia de alquiler de vehículos, Per Sörkaitum, un lapón de contagiosa sonrisa, me pregunta si sé conducir una motocicleta. Al responderle que sí, que he conducido varias motos, responde que entonces puedo manejar un «pulkamotor».

Al día siguiente y con escasa luz, salimos trepados a dos motos que en lugar de ruedas tienen esquís y orugas, aptas para cualquier terreno nevado, de tal manera que, en lugar de tomar por la carretera 45, lo hacemos por el helado camino que une los pequeños caseríos de Jankanafusta, Kalisfoxbron, Lappberg, Kaitum, Harrä, Malmberget y Gallivare. Desde ahí seguiremos en un todoterreno.

—Y además de la aventura, ganaremos unas buenas dos horas —asegura Per.

Durante las pausas del camino y mientras bebemos cacao esperando a que nos llenen los tanques de gasolina, Per me narra algunos detalles de la cultura lapona.

A comienzos de noviembre, luego del destete de las crías, empieza para los criadores de renos la época de las migraciones. Los ríos y lagos están congelados y una abundante capa de nieve asegura el desplazamiento de los trineos. Migran entonces hacia campos o llanuras de invernada, y se desplazan formando una especie de triángulo sobre el blanco paisaje. En primer lugar, el reno guía, adiestrado para tal función, que es jalado por un lapón sobre esquís, luego, el resto del rebaño, en filas de dos, tres, cuatro renos, y así sucesivamente. A los flancos corren los perros que mantienen el orden de la formación, y atrás, en trineos jalados por otros renos, la familia cargando los alimentos, pertenencias y carpas.

En los descansos, cuando terminan de comer, el jefe de familia reúne los huesos de reno, se aleja unos pasos y los arroja a la estepa mientras murmura: «Juokke (Dios), por cada uno de estos huesos bendíceme con un ternero.»

Hoy, los lapones criadores de renos son pocos, pero su ancestral cultura está indisolublemente ligada a estos animales y al resto de la naturaleza que los rodea.

Cuando los renos tienen poca pelambre en el vientre es de esperar un invierno muy duro; en cambio, si en el invierno se lamen unos a otros es señal que se avecina un largo y buen verano. Si las perdices conservan un plumaje oscuro al final del otoño, quiere decir que el invierno tardará en llegar. Si en invierno los renos se atacan entre sí, esto quiere decir que vendrá una ola de tiempo cálido seguida de otra de intenso frío. Si en el otoño los renos comen ramitas de abedul, quiere decir que en primavera, sobre todo en mayo, nevará abundantemente. Si el cuclillo canta oculto entre el follaje en vez de hacerlo en la parte más alta de un árbol, es señal de un pésimo verano. Si el cuclillo canta sobre un tronco caído es señal de desgracia.

En Jokkmokk viven tres mil doscientas personas, la mayoría lapones. Habitan en viviendas de madera unifamiliares con el Volvo o el Saab frente a la puerta. Sus coloridos ropajes tradicionales sólo los usan para las fiestas y abundan las gorras de béisbol. El museo de Jokkmokk permite asomarse a la fascinante cultura lapona, ligada a la cría de renos desde el año 1600. Antes fueron cazadores, pescadores y hasta agricultores. Frente a las pinturas de Lars Pirak, que maneja los pinceles con la misma habilidad con que sus antepasados manejaron el cuchillo para grabar escenas de trabajo o nostálgicos paisajes nórdicos sobre pieles y huesos, uno se siente frente a testimonios o actas referentes a un pueblo muy singular, orgulloso de su diferencia pero sin un ápice de soberbia o estupidez nacionalista. Al salir del museo resulta chocante saber y aceptar que muchos jóvenes lapones —cada vez más—, se van al sur en busca de oportunidades que ellos consideran mejores, y la mayoría no regresa jamás.

Después de pasar tres días en Jokkmokk, Per sugiere que, aprovechando que no nieva, hagamos un viaje hasta Kvikkjokk, a unos cien kilómetros de distancia.

Kvikkjokk es un pequeño caserío enclavado en un paisaje de sobrecogedora belleza. Bosques de abetos, hayas y abedules que, con sus ramas congeladas, ofrecen una imagen irreal que me recuerda que nos acercamos a la tierra de los chamanes, de los magos y brujos que pueblan tantas sagas escandinavas.

Las sagas finlandesas aseguran que en Laponia se encuentran los magos más poderosos, «que viajan en la rama de un abeto o en un remolino de viento, que se transforman en alces o lobos, en salmones o en la suave cresta de una ola en los ríos». En las sagas finlandesas, lapón y mago son casi sinónimos.

Al día siguiente de llegar a Kvikkjokk la temperatura desciende a 34 grados bajo cero. Es imposible visitar Sarek o el parque nacional de Padjelanta. A modo de consuelo visito la iglesia del lugar y en un muro encuentro un mensaje dejado por Jean-François Regnard, un poeta satírico francés y gran viajero (1655-1709), que estuvo ahí junto a dos camaradas en 1681: «Nacimos en las Galias. África nos ha visto. En las aguas sagradas del Ganges hemos resucitado. Hemos cruzado Europa a lo largo y a lo ancho, por mar y tierra, llevados de aquí a allá por las caprichosas trampas de la vida, y aquí estamos finalmente, donde el círculo de la tierra se cierra para nosotros.»

Pero yo sé que Laponia sigue más al norte, hasta el Cabo del Norte, al que pienso llegar un día. Pero ésa es otra historia.

BALLENAS DEL MEDITERRÁNEO

1988 fue declarado el año de los océanos por un asunto de mera convención. Algo había que celebrar. Pudo llamarse también año de los bosques, y éstos habrían continuado ardiendo, desapareciendo del planeta ante la total indiferencia y desidia de los gobiernos que han suscrito convenios de protección y desarrollo forestal. También pudo llamarse año de la atmósfera, y los países industrializados no habrían interrumpido las emanaciones que lesionan la capa de ozono y son responsables del sobrecalentamiento de la corteza terrestre.

Todas estas realidades, absurdas y dolorosas realidades, pueden llevar fácilmente al pesimismo, pero, por fortuna, la certeza de saber que existen personas y organizaciones que consagran sus esfuerzos a la preservación del entorno natural, e impulsan la práctica de un derecho elemental: el de decidir colectivamente qué hacemos con nuestro pequeño planeta, permite una dosis de esperanza en medio de tanta ceguera mercantilista.

Recuerdo un atardecer junto al mar, en el norte de Cerdeña. El sol bajaba ante los ojos del grupo de amigos que contemplábamos el ocaso, nos dejaba para iluminar otras tierras al oeste y, de pronto, desde el mar nos llegó el inconfundible canto de las ballenas, ese sonido agudo, que tiene algo de música futurista, y que sobrecoge a todo aquel que lo escucha.

He visto y escuchado a las ballenas en Groenlandia, en el golfo de California, en la península de Valdés, y en el abrazo de los dos grandes océanos en el Cabo de Hornos, pero ésa era la primera vez que las sentía en el Mediterráneo. Luegos vimos a varias. Emergieron con los majestuosos movimientos que caracterizan a los grandes cetáceos; primero las cabezas abombadas, luego los lomos curvados sobre el agua, y finalmente las colas azotando las olas, o hundiéndose como oscuras mariposas descomunales.

Ellas estaban ahí desde tiempos inmemoriales, desde mucho antes que los romanos llamaran «Costa Balenae» a las orillas que bordean el golfo de Génova, o «Portus Delphinii» al que siglos más tarde llamaríamos Portofino. Estaban ahí, en el Mediterráneo, alimentando la fantasía y generando admiración, recordando las limitaciones de la existencia humana, sirviendo de inspiración a leyendas como la de Leviatán, o simplemente diciéndonos que en la vida hay espacio para todos.

Cuando vi aquellas ballenas desde la costa norte de Cerdeña, no pude evitar un estremecimiento de pavor al pensar en qué mar se encontraban.

Nunca en la historia de la humanidad un mar fue tan maltratado como el Mediterráneo. Saqueado hasta la extinción de numerosas especies, humillado con todas las formas ilegales de pesca posibles, y sus aguas surcadas por toda clase de aprendices de marinos, que no ven en el mar más que un pasatiempo, un mataocios que muy bien pueden encontrar en Las Vegas o en Disneyworld.

Obviamente no existe un censo de las motos acuáticas o de las embarcaciones deportivas, veloces, criminalmente veloces, que surcan a diario las aguas del Mediterráneo. Sin embargo existen informes, aunque escuetos, que detallan encuentros con delfines que terminan despedazados por las aspas de las hélices, testimonios de cientos de pescadores que, a bordo de sus lentas naves, han tenido que presenciar impasibles los juegos que algunos cretinos adinerados se permiten con los cetáceos que se cruzan frente a sus embarcaciones deportivas.

Existen dos frutos del ingenio humano que aborrezco sobremanera: la motosierra y el motor fuera de borda. Millones de aspas mueven las aguas del Mediterráneo como si se tratara de una enorme batidora en la que se prepara un brebaje mortal.

Sé que es muy difícil legislar contra el mercado, mucho más aún contra el mercado del ocio irracional, y muchísimo más todavía es el pretender una medida que se respete internacionalmente, que limite la velocidad, la contaminación producida, y las zonas de navegación de los pseudomarinos estivales.

Pero la creación de una región protegida, de un santuario que permita el desarrollo y la procreación de una vida animal es un paso urgente, imprescindible, si queremos que los grandes animales del mar se salven de la extinción en el Mediterráneo.

Soy un gran pesimista cuando se trata de conmover a los ociosos adinerados; sin embargo, por una cuestión de fe en la especie humana, quiero creer que en un futuro no lejano, algún industrial o algún banquero, en vez de regalar a su hijo adolescente una moto acuática, lo invitará al mismo lugar del norte de Cerdeña desde el que yo vi a las ballenas, y allí, junto a los hijos de los pescadores, ese muchacho se maravillará con el espectáculo de los cetáceos moviéndose en su espacio natural y protegido, porque la vida es y será siempre el más digno y prometedor de los obsequios.

Aún estamos a tiempo de salvar a las ballenas y delfines del Mediterráneo. Aún estamos a tiempo de devolver al mar de las culturas un poco de lo mucho que le hemos arrebatado.

TANO

Don Giuseppe solía decir que era feliz como consecuencia de una serie de errores que recordaba con gusto. El primero de ellos ocurrió en 1946, cuando el joven genovés se embarcó por fin con rumbo a América, a una América que imaginaba con los brazos de la estatua de la Libertad abiertos y hospitalarios. Atrás dejaba una Italia en ruinas, la pesadilla de la guerra y a muchos vecinos que, mal enterradas las camisas negras del fascismo, se vestían con trajes de demócratas.

Sí, América estaba esperándolo con los brazos abiertos y, para ser digno de tal recibimiento, don Giuseppe repasaba las veinte palabras de inglés que le enseñara un soldado norteamericano.

A los cinco días de navegación, un tripulante le heló el alma al comunicarle que el barco navegaba efectivamente con rumbo a América, pero a América del Sur, porque América —le dijo— es más grande y extensa que todas las esperanzas y que todos los sufrimientos.

Pasada la sorpresa, don Giuseppe buscó a alguien que le dijera algo más acerca de su destino, y no tardó en hacerse amigo de un maquinista, italiano también, que llevaba varios años navegando en los barcos de la Compañía Suramericana de Vapores.

El compatriota le habló de Argentina, un país enorme en el que la carne era poco menos que gratis, y donde había tanto trigo que hasta hacía muy pocos años lo quemaban para producir electricidad. Además —le indicó—, conozco una familia piamontesa que se ha instalado en Mendoza con una fábrica de pasta, y si vas de mi parte, seguro que te ofrecen casa y trabajo.

Una vez que llegaron a Buenos Aires y don Giuseppe pisó por primera vez tierra americana, el mismo maquinista se encargó de conectarlo con un camionero que transportaba colchones desde la capital argentina a las provincias.

—De acuerdo, *tano*, te llevo gratis, te pago los hospedajes y las comidas a cambio de que me ayudes a descargar, pero tu verdadera misión consiste en hablarme durante el camino. Háblame sin parar, de todo, aunque sean pavadas las que digas.

Don Giuseppe no entendió ni una palabra del camionero, pero algo le hizo comprender lo que el hombre quería, de tal manera que respondió «va bene» y trepó a la cabina del camión, un vetusto Mack con un perro bulldog cromado encima del capó. A los pocos kilómetros de marcha le agradó el trato de *tano*, de la misma manera como con el tiempo le divertiría que lo llamaran *bachicha*.

Apenas salieron del extrarradio de Buenos Aires, ante los ojos del joven emigrante empezó a desfilar un panorama liso, verde e infinito, en el que rara vez se cruzaban con otro vehículo o persona. Las lánguidas miradas de miles de vacas saludaron su paso por la Pampa, y para evitar que el conductor se durmiera le habló de su vida, de la guerra. De Génova, de sus sueños de legítima felicidad.

Habían recorrido varios cientos de kilómetros cuando, al amanecer del día siguiente, el camionero se desvió de la carretera por un camino de tierra que los llevó hasta las casas de una estancia. Había otros camioneros allí, pero por sobre todo había carne, mucha carne, reses enteras abiertas en cruz asándose bajo la mirada atenta de unos gauchos. El italiano comió y bebió como nunca en su vida, tanto, que el camionero anfitrión, que tampoco estuvo a la zaga, lo mandó a continuar el viaje en la parte de carga, durmiendo la borrachera sobre los mullidos colchones.

Don Giuseppe nunca supo qué ocurrió en Mendoza, si es que el camión se detuvo alguna vez en esa ciudad. Sólo recordaba que fue despertado por un frío intenso y las voces de unos hombres de uniforme verde que le ordenaban bajar.

Con la cabeza a punto de estallarle y una sed caballuna, don Giuseppe saltó a tierra y se estremeció ante al paisaje agreste de los Andes nevados. Su gesto de asombro hizo que los Carabineros de Chile entendieran que no sabía dónde diablos estaba.

—Esa estatua es el Cristo Redentor, la frontera. De la tetilla izquierda de nuestro Señor para allá es Argentina. De la derecha para acá, Chile.

Recién entonces, don Giuseppe advirtió que el conductor del camión no era el mismo que lo había tomado en Buenos Aires, y en su atropellado dialecto genovés repitió una y mil veces que su destino era Mendoza, narrando entremedio los estragos del asado y del mucho vino bebido.

Del discurso de los carabineros chilenos, lo único que don Giuseppe entendió fue que le preguntaron si le había gustado el asado y el vino argentinos. Como pudo respondió que sí, y eso bastó para que los policías chilenos lo jalaran hasta la cantina del destacamento. Allí, el emigrante se dio el segundo festín de carne y vino, con la consiguiente borrachera, de la que despertó convertido en socio de un sargento dedicado a la cría de pavos y otras aves de corral.

Años más tarde, don Giuseppe, el *tano* para unos, el *bachicha* para otros, abrió un emporio de ultramarinos en el barrio santiaguino de mi infancia. Fue un ciudadano más de aquel barrio proletario. En un grueso cuaderno de tapas negras anotaba las deudas de los vecinos que compraban a crédito, a los chicos nos repartía generosas lonjas de mortadela mientras nos iniciaba en los secretos de las óperas que embellecían las tardes desde sus discos de carbón, e invitaba a todo el barrio a festejar en el emporio los triunfos futbolísticos del Audax Sportivo Italiano.

La mejor fiesta en el emporio tuvo lugar el domingo 4 de septiembre de 1970. Aquella noche el barrio tenía muchos motivos para estar alegre: Salvador Allende había ganado las elecciones presidenciales, don Giuseppe se casaba con la señora Delfina luego de una discreta relación mantenida durante veinte años y, para culminar la fiesta, nos comunicó emocionado que acababa de nacionalizarse chileno.

Lo vi por última vez en 1994. Era un anciano. El emporio ya no existía, ni el barrio, que fue devorado por la miseria. Pero sus viejos discos de carbón continuaban llenando las tardes de amores imposibles y voces perdurables. Bebí con él varios vasos de vino, escuché una vez más su historia, y me dolió responder que sí, cuando quiso saber si era cierto que en Europa se trataba mal a los emigrantes.

CAVATORI

Ésta podría ser una breve historia con tres líneas narrativas. La primera habla de un artista plástico, un escultor que, en la fértil soledad de su estudio, contempla satisfecho la maqueta de su última obra, una estatua ecuestre de Alejandro Magno.

La segunda se refiere a un hombre de Pietrasanta, una bellísima ciudad toscana. Apenas clarea el sol y sin más ayuda que sus manos fuertes y sus pies seguros, empieza a trepar como un gato por la superficie lisa y vertical de una montaña. Él es un *cavatori,* un trabajador de las canteras de mármol.

La tercera alude a una muchacha de la misma ciudad. Es joven, bella, frágil, y sólo el vigor de sus manos delata el oficio que en ella se prolonga por más de diez generaciones; es marmolista, aunque debería llamarla escultora, ya que son precisamente sus manos diestras las que dan forma y armonía a las que más tarde serán obras de arte firmadas por prestigiosos maestros. Su destreza es recompensada por el aprecio de algunos escultores, pero el gran reconocimiento se llamará calcicosis o tisis de los marmolistas.

El artista visita ahora a un arquitecto, juntos estudian el magnífico lugar elegido para eternizar la memoria de Alejandro Magno y su caballo. Hablan de la iluminación que por las noches resaltará la nobleza del mármol, de los cipreses que flanquearán la escultura devolviendo al héroe la juventud de sus combates.

Con el sol ardiendo sobre su cabeza y los ojos apenas refrescados por la lejana presencia del mar Tirreno, el *cavatori* palpa la superficie del mármol, toca, como llamando al gran dormitorio de los héroes, hasta dar con el lugar donde hundir una estaca de hierro. A ella atará un extremo de una larga cuerda, el otro extremo ceñirá su cintura, y así, descenderá por la ladera más lisa y perfecta de la piedra para marcar con mazo y cincel los cortes que delimiten la estatura de Alejandro Magno y su caballo. Cien metros más abajo, sus compañeros lo observan, tal vez masticando trozos de «tocino del marmolista», curado sin otro aderezo que el romero y el viento de las canteras, o tal vez mirando de reojo una estampa de Jesús en la que se lee: «Protege nuestro trabajo.»

La muchacha llega al taller, sus pasos levantan nubes del fino polvo de mármol que la historia del arte ha dejado por todos los rincones de Pietrasanta, y saluda a todos sus compañeros que, apenas han comenzado la jornada, ya están enteramente cubiertos del polvo blanco. A la media hora de labor se ve como ellos, y tan sólo sus manos manipulando los viejos o modernos instrumentos de trabajo la diferencian de los cientos de estatuas que, en el inmóvil orden de los personajes ilustres, esperan la llegada de los grandes maestros para recibir el toque final y las firmas de rigor.

El artista tal vez padeció noches de insomnio realizando bocetos, uno tras otro, hasta que por fin dio con su representación exacta de Alejandro Magno. Pudo verlo altivo o sereno, piadoso o consumido por el desdén de las victorias.

A mí, decididamente no me importan los héroes de las victorias. A mí, decididamente no me importan los héroes de mármol. Pero sí que me importan los *cavatori* colgando de alturas de pesadilla, o aplastados por el a veces infame peso del arte.

En el mes de mayo recién pasado estuve en Pietrasanta y participé de la conmoción causada por la muerte de dos *cavatori*. Perecieron bajo un bloque de mármol que se desprendió de la cantera sin darles tiempo a nada. La región de Carrara se cobra entre seis y ocho vidas de *cavatori* al año. Durante el funeral, el único artista presente dijo que esos dos *cavatori* eran mártires que habían muerto por el arte. Pero otro de aquellos trabajadores escupió el toscano que colgaba de sus labios y precisó: no, murieron porque falta seguridad, murieron por un sueldo de mierda.

Y una vez más comprobé que la verdad de las gentes sencillas vale más que todas las verdades del arte.

A mí, decididamente me interesan las muchachas y muchachos marmolistas de Pietrasanta, ésos que, aun sabiendo que sus vidas serán breves, porque el polvo del mármol es una maldición blanca que les petrifica los pulmones, siguen prolongando la formidable costumbre humana de la belleza y la armonía.

Si yo fuera escultor y me encargaran una estatua de Alejandro Magno, al pie de ella mi firma sería la última. Primero estarían los nombres de los *cavatori* que eligieron, cortaron y bajaron el mármol de la montaña. Luego los nombres de los marmolistas que le dieron forma, enseguida los nombres de los que curaron el tocino, de los que aportaron el romero, de los panaderos y de los vendimiadores del vino fresco de la Toscana.

Lectora, lector; cuando te enfrentes a una estatua esculpida en mármol de Carrara, piensa en los *cavatori* y en los marmolistas de Pietrasanta. Piensa en ellos y saluda su digno anonimato.

UN HOMBRE LLAMADO VIDAL

Cuando Jorge Icaza publicó *Huasipungo,* los terratenientes, la Iglesia y los opulentos de Ecuador se escandalizaron ante el terrible argumento de la novela, pero ningún latifundista, cura o empresario dio muestras de conmoción frente al panorama de explotación, humillación y exterminio del que fueron —y son— víctimas los campesinos, los indios, de las sierras andinas de Ecuador, Perú y Bolivia. Estuve por primera vez en Ecuador en 1997 y la realidad seguía siendo la misma descrita por Icaza; gentes sin derechos, gentes sin recursos, gentes sin otro amparo que la noche fría y silenciosa, porque la oscuridad les permitía contarse los anhelos y los sueños. Y ese año conocí a Vidal.

Recuerdo que yo estaba sentado en un puesto de comidas del mercado de Cayambe, y mientras daba cuenta de un sabroso cuy a las brasas me fijé en un hombre que se acercaba con sigilo a los campesinos, a los indios que se ofrecían como cargadores, les hablaba casi al oído, y a los que no se alejaban a toda prisa les entregaba uno de los panfletos que, como un prestidigitador, sacaba de los pliegues de su poncho.

De pronto se escuchó un ruido de silbatos, de pasos a la carrera, y el mercado fue invadido por la policía. El hombre se echó el sombrero sobre los ojos y caminó hacia la salida más próxima, y al pasar por mi lado se detuvo, tras comprobar que también estaba bloqueada por los uniformados. Miró brevemente a los costados y nuestros ojos se encontraron, porque una formidable ley de la vida hace que los jodidos se encuentren. A él lo perseguían y yo empezaba un exilio de largos años. Se sentó frente a mí, cogió la botella de cerveza que había sobre la mesa, y luego de echarse un largo trago empezó a hablar de pollos. Le seguí la corriente, y cuando los policías pasaron por nuestro lado charlábamos con lenguaje de expertos acerca de los estragos que hace el moquillo entre las aves de corral.

—Me llamo Vidal y estoy convocando a una reunión sindical —dijo cuando la realidad se impuso al tema de los pollos.

Salimos del mercado y, algo más tarde, sentados en una plaza, le pedí que me enseñara uno de los panfletos. Era un folio reproducido en un mimeógrafo manual, escrito con gruesos caracteres del que no entendí nada, porque desconocía el idioma quechua.

—Son muy pocos lo que saben leer, pero no importa; la palabra escrita da fuerzas, une —comentó Vidal.

El sol brillaba muy alto en el cielo, arrancaba destellos enceguecedores al cercano Pichincha, aplastaba las sombras de los indios que pasaban inclinados, cargando toda clase de bultos sobre sus espaldas.

—Es el *huasipungo* de la ciudad. No tienen tierras y cargan cualquier cosa por un trozo de pan. Viven y mueren en la calle —comentó.

—Me dijo que se llama Vidal. ¿Qué más? —recuerdo haberle preguntado.

—Vidal no más, y con eso basta. ¿Quiere venir a la reunión?

Al hablar, las *erres* salían de su boca como si las masticara, y así, con su acento serrano, me fue contando detalles del difícil trabajo de un sindicalista campesino. La Federación de Campesinos de Imbabura nacía y era aplastada, volvía a nacer y vuelta a lo mismo. Vidal llevaba en un bolsillo el sello de caucho con el número de registro que legalizaba la organización sindical y un atado de carnés de afiliación en blanco. En otro bolsillo guardaba un recorte sacado del *Ecrán*, una revista de cine.

—¿Sabe quién es? —preguntó enseñándome a la hermosa y enigmática mujer.

—Greta Garbo —respondí.

—Ella me protege. Soy ateo, pero siempre es bueno tener a quién encomendarse —aseguró Vidal.

Caminamos varias horas bajo la inmensa noche de la mitad del mundo hasta que llegamos al lugar de reunión. Había unas veinte personas que de inmediato compartieron con nosotros todo lo que tenían; papas arrugadas y unos buches de *puro*, un feroz aguardiente de caña. Vidal hablaba con ellos en quechua y la única palabra que yo rescataba era *compañeros*. Los campesinos asentían, hacían preguntas: por el tono de las voces supe que discutían, y terminaron abrazándose entre ellos como los míticos conspiradores que se aprestan a tomar el cielo por asalto.

Vidal. Le acompañé a muchas otras reuniones clandestinas, hasta diseñamos juntos un mínimo programa de alfabetización mientras él me conducía por la historia del mundo andino y me enseñaba quechua. Lo vi eufórico y lo vi triste, cantando sanjuanitos o molido a palos en el hospital de Ibarra luego de una encerrona de los terratenientes. Viví en su casa y su familia fue la mía. Cuando en 1979 dejé Ecuador, supe que me alejaba de un amigo, de un compañero insuperable, y lamenté no conocer su nombre entero, para así poder escribirle.

La vida me llevó por muchos senderos, jamás olvidé a Vidal y la vida misma, esa que siempre une a los jodidos, me entregó hace unas cuantas semanas un regalo formidable: en una foto aparecida en un periódico ecuatoriano que leía vía Internet estaba mi amigo, con el Pichincha de fondo, hablando a un grupo de campesinos en la inauguración de una cooperativa. A pie de página decía: «Vidal Sánchez, dirigente sindical…»

Un hombre llamado Vidal. Vidal Sánchez. Tenía razón Brecht al escribir: «Hay hombres que luchan toda la vida; ésos son los imprescindibles.»

EL ADUANERO DE LAUFENBURG

Laufenburg es una pequeña ciudad suiza y alemana partida por el viejo Rhin, que se desliza verde y majestuoso bajo el puente que antaño separó, y ahora une, las dos partes de la ciudad. En el lado alemán, detrás de Laufenburg, nace el universo verde y esplendoroso de la Selva Negra. En la parte suiza puede verse el orden perfecto, casi enervante del campo helvético, que a uno lo lleva a pensar en alucinaciones al comprobar que las briznas de pasto tienen casi todas la misma longitud, y que las vacas, afectadas de una locura peor que la de sus colegas británicas, se mueven todas a un mismo ritmo.

En la parte alemana se habla *alemanisch*, uno de los dialectos más dulces del rico mosaico dialectal del sur de Alemania. Al comprenderlo, el abuso de los diminutivos hace que un suramericano se sienta en casa.

En el lado suizo se impone el *schwiserich,* y sus habitantes sólo se unen a la ternura del *alemanisch* durante los días de música y locura de la «Fastnacht», el carnaval.

Para pasar de la parte alemana a la suiza es necesario cruzar el puente y armarse de paciencia, porque en la caseta de control fronterizo suizo está el Aduanero.

A los dos lados del puente hay aduaneros. Los alemanes asumen su papel bastante relajados y eso es comprensible, porque en medio de un paisaje tan ensoñador nadie quiere crear ni que le creen dificultades. De tal manera que los muchachos del lado alemán saludan amablemente a los que pasan, miran el río, y muy a menudo se largan a beber unas pintas de cerveza en cualquiera de las acogedoras terrazas a la orilla del Rhin.

Los aduaneros suizos hacen lo mismo, pero con una excepción: el Aduanero.

Se trata de un hombre rechoncho, que viste muy dignamente su uniforme gris, y que ladea coquetamente sobre el lado izquierdo de la cabeza su boina reglamentaria. Debe tener unos sesenta años, cabello cano, y unos lentes montados sobre la nariz. A primera vista, su aspecto sugiere la presencia de un gordito campechano, pero no es así, porque este hombre es el Aduanero.

Son muchos los alemanes que trabajan en Suiza y, cada mañana, tiemblan de sólo pensar que el Aduanero esté de turno. Tal temor es enteramente justificado: se arriesgan a perder mucho tiempo con sus arrebatos controladores, con su afiebrado sentido del deber.

Así, tenemos por ejemplo, que un habitante del Laufenburg alemán, que cruza dos veces la frontera durante todo el año, en una rutina que se repite desde hace diez años, tiene la mala suerte de topar con el Aduanero.

—Documento de identidad, *oder* —dice el Aduanero.

—¿Otra vez? Pero si me conoce de niño —responde el alemán.

—Documento de identidad —insiste frío el Aduanero.

El alemán se lo entrega y soporta con estoicismo la mirada del Aduanero, mientras comprueba la autenticidad del documento, si la foto coincide, si el color de los ojos corresponde a lo indicado, y la vigencia del carné.

—¿Tiene algo que declarar, *oder*? —pregunta el Aduanero.

—Nada. ¿Qué diablos voy a tener para declarar? —contesta el alemán.

—¿Motivos de su viaje a Suiza? —inquiere el Aduanero.

—Oiga, hace diez años que trabajo en los laboratorios CIBA y usted lo sabe perfectamente —exclama ya mosqueado el alemán.

—¿Y esa bolsa? ¿Qué lleva en esa bolsa? —consulta el Aduanero indicando la razón de sus sospechas.

El alemán abre la bolsa. En ella lleva un termo con café, y un delicioso sandwich de pan negro, queso, jamón y pepinillos.

—Pan, queso, jamón y pepinillos, *oder?* —enumera el Aduanero.

—Y mantequilla. Mucha mantequilla —murmura el alemán mientras consulta el reloj.

—Abra el maletero del vehículo —ordena el Aduanero.

El alemán sale del auto, respira hondo, y obedece. Al abrir el maletero escucha una exclamación de triunfo del Aduanero, y con un dedo acusador indica lo que hay adentro.

El alemán mira, y se odia por no haber vaciado el maletero. El día anterior fue con sus hijos a la piscina y olvidó quitar de ahí los flotadores con forma de patitos, las máscaras de nadar, y dos terribles pistolas de agua que el Aduanero examina con las mismas precauciones de los artificieros británicos en el Ulster.

—Oiga, nos conocemos tanto que podríamos ser de la familia. No pensará que soy un contrabandista de patitos de goma —dice desconsolado el alemán.

La madre del Aduanero es muy popular entre los habitantes del Laufenburg alemán, y si me ciño al curioso inventario de insultos escatológicos alemanes, su esfínter también.

En eso piensa el alemán mientras levanta el capó para que el Aduanero revise con ojos de lince y una pequeña linterna, el carburador, radiador y líquido de frenos.

Yo suelo cruzar la frontera tres veces a la semana, porque compro chocolates y cigarrillos negros en la parte suiza de Laufenburg, y puedo asegurar con orgullo que ostento un curioso récord: el Aduanero ha fotocopiado mi pasaporte unas quinientas veces, íntegro, hoja por hoja. Le he salido bastante caro al erario público suizo.

Cada vez que lo hace y me pregunta a dónde voy, motivos de mi viaje a Suiza, y si tengo algo que declarar, *oder?*, me parece escuchar que sus preguntas encierran una declaración de principios que dice: ¡A mí con el tratado de Maastricht! ¡A mí con los acuerdos de Schengen! Aquí estoy yo, el defensor de las fronteras y los muros, el último caballero cruzado que defiende Europa de los infieles. ¡Aquí estoy yo, el Aduanero suizo de Laufenburg!

LAS ROSAS DE ATACAMA

Fredy Taberna tenía un cuaderno con tapas de cartón y en él anotaba concienzudamente las maravillas del mundo, y éstas eran más de siete: eran infinitas y se multiplicaban. El azar quiso que naciéramos el mismo día del mismo mes y del mismo año, sólo que separados por unos dos mil kilómetros de tierra árida, porque Fredy nació en el desierto de Atacama, casi en la frontera que separa Chile de Perú, y esa casualidad fue uno de los tantos motivos que cimentaron nuestra amistad.

Un día, en Santiago, le vi contar todos los árboles del parque forestal, y anotar en su cuaderno que el paseo central estaba flanqueado por 320 plátanos más altos que la catedral de Iquique, que casi todos ellos tenían unos troncos tan gruesos que era imposible abrazarlos, que junto al parque corría fresco el río Mapocho, y que causaba alegría verlo pasar bajo los viejos puentes de hierro.

Cuando me leyó sus apuntes, le dije que me parecía absurdo citar aquellos árboles, porque Santiago tenía muchos parques con plátanos tan o más altos que ésos, y que tratar tan poéticamente al río Mapocho, una débil corriente de aguas color fango que arrastra basuras y animales muertos, me parecía una desproporción.

—No conoces el norte y por eso no lo entiendes —respondió Fredy, y continuó describiendo los pequeños jardines que conducen al cerro Santa Lucía.

Luego de sobresaltarnos con el disparo de cañón que a diario marcaba el mediodía santiaguino, nos fuimos a beber unas cervezas a la Plaza de Armas, porque teníamos la enorme sed que siempre se tiene a los veinte años.

Unos meses más tarde Fredy me mostró el norte. Su norte. Árido, reseco, pero lleno de memoria y siempre dispuesto al milagro. Salimos de Iquique con las primeras luces de un 30 de marzo y, antes de que el sol (Inti) se elevara sobre las montañas del Levante, el vetusto Land Rover de un amigo nos llevaba por la Panamericana, recta y larga como una aguja interminable.

A las diez de la mañana el desierto de Atacama se mostraba con toda su esplendorosa inclemencia, y yo entendí para siempre por qué la piel de los atacameños se ve prematuramente envejecida, marcada por los surcos que dejan el sol y los vientos impregnados de salitre.

Visitamos pueblos fantasmas con sus casas perfectamente conservadas, con los cuartos en orden, con las mesas y las sillas esperando a los comensales, los teatros obreros y las sedes sindicales dispuestos para la próxima reivindicación, y las escuelas con sus pizarras negras, para escribir en ellas la historia que explicara la muerte súbita de las explotaciones salitreras.

—Por aquí pasó Buenaventura Durruti. En esa casa durmió. Ahí habló de la libre asociación de los obreros —indicaba Fredy mostrando su propia historia.

Al atardecer nos detuvimos en un cementerio con sus tumbas adornadas con resecas flores de papel, y yo creí que ésas eran las famosas rosas de Atacama. En las cruces habían grabado apellidos castellanos, aymaras, polacos, italianos, rusos, ingleses, chinos, serbios, croatas, vascos, asturianos, judíos, unidos por la soledad de la muerte y el frío que se deja caer sobre el desierto apenas el sol se hunde en el Pacífico.

Fredy anotaba datos en su cuaderno, o comprobaba la exactitud de apuntes anteriores.

Muy cerca del cementerio tendimos los sacos de dormir, y nos echamos a fumar y escuchar el silencio; el murmullo telúrico de millones de piedras que, recalentadas por el sol, estallan infinitamente con el violento cambio de temperatura. Recuerdo que me dormí cansado de observar los miles y miles de estrellas que iluminan la noche del desierto, y al amanecer del 31 de marzo mi amigo me remeció para que despertara.

Los sacos de dormir estaban empapados. Pregunté si había llovido, y Fredy contestó que sí, había llovido suave y sutilmente, como casi todos los 31 de marzo en Atacama. Al incorporarme vi que el desierto estaba rojo, intensamente rojo, cubierto de diminutas flores color sangre.

—Ahí las tienes. Las rosas del desierto, las rosas de Atacama. Las plantas están siempre ahí, bajo la tierra salada. Las vieron los atacameños, los incas, los conquistadores españoles, los soldados de la guerra del Pacífico, los obreros del salitre. Siempre están ahí y florecen una vez al año. Al mediodía el sol las habrá calcinado —dijo Fredy anotando datos en su cuaderno.

Ésa fue la última vez que vi a mi amigo Fredy Taberna. El 16 de septiembre de 1973, tres días luego del golpe militar fascista, un pelotón de soldados lo condujo hasta un descampado en las afueras de Iquique. Apenas podía moverse, le habían roto varias costillas y un brazo, casi no podía abrir los ojos pues su rostro era un hematoma uniforme.

—Por última vez, ¿se declara culpable? —preguntó un ayudante del general Arellano Stark, que de cerca contemplaba la escena.

—Me declaro culpable de ser dirigente estudiantil, de ser militante socialista, de haber luchado en defensa del gobierno constitucional —respondió Fredy.

Los militares lo asesinaron y enterraron su cuerpo en algún lugar secreto del desierto. Años más tarde, en un café de Quito, otro sobreviviente del horror, Ciro Valle, me contó que Fredy recibió las balas cantando a todo pulmón la *Marsellesa* socialista.

Han pasado veinticinco años. Tal vez tiene razón Neruda al decir: «Nosotros los de entonces ya no somos los mismos», pero en nombre de mi compañero Fredy Taberna sigo anotando las maravillas del mundo en un cuaderno con tapas de cartón.

FERNANDO

Algún día perdido en la memoria de los vecinos de Resistencia, en el Chaco, por sus calurosas y húmedas calles se vio caminar a un forastero que cargaba una guitarra mientras charlaba amigablemente con un perro de raza desconocida que lo acompañaba con fidelidad de sombra. El desconocido llamó a la puerta de una pensión y, tras presentarse como artista ambulante, cantor de boleros para mayor precisión, preguntó si él y su perro podían hospedarse.

—Siempre y cuando respeten las horas de siesta. Vos no cantás y el perro no ladra —le respondieron.

La siesta es larga en el Chaco. Las horas de reposo pasan lentas y apacibles como las aguas del Paraná. Bajo el rigor canicular las brisas se alejan hacia territorios que nadie conoce, no canta el hornillo, el surubí cierra los ojos redondos en el fondo del río, y las gentes se abandonan a un sopor profundo y benéfico.

A los pocos días de llegar, el cantor se durmió para siempre en una siesta. Al descubrir el triste suceso, el dueño de la pensión y los vecinos comprobaron que sabían muy poco, casi nada, de aquel hombre.

—Uno de los dos obedece al nombre de Fernando, pero no sé si es él o el perro —comentó alguno.

Luego de sepultar al cantor, y como una forma de respetar su memoria, los vecinos de Resistencia decidieron adoptar al perro, lo llamaron *Fernando* y le organizaron la vida: el dueño de un boliche se comprometió a darle cada mañana un tazón de leche y dos medias lunas. El perro *Fernando* desayunó durante doce años en el mismo boliche y en la misma mesa. Un matarife decidió servirle cada mediodía un trozo de carne con hueso. El perro *Fernando* acudió puntualmente a la cita durante toda su vida. Los artistas del Fogón de los Arrieros, una casa sin puertas en la que todavía los caminantes encuentran lugar de reposo y mate, aceptaron al perro *Fernando* como socio de la institución, donde destacó como implacable crítico musical. Tal vez heredado de su primer amo, el perro poseía un agudo sentido de la armonía, y cada vez que algún músico desafinaba debía soportar la reprimenda de los aullidos de *Fernando*.

Mempo Giardinelli me contó que, durante un concierto de un prestigioso violinista polaco en gira por el noreste argentino, el perro *Fernando* escuchó atentamente desde su lugar en primera fila, con los ojos cerrados y las orejas atentas, hasta que una pifia del músico le hizo proferir un desgarrador aullido. El violinista suspendió la interpretación y exigió que sacaran de la sala al perro. La respuesta de los chaqueños fue rotunda:

—*Fernando* sabe lo que hace. O tocás bien o te vas vos.

Durante doce años, el perro *Fernando* se paseó a sus anchas por Resistencia. No había boda sin los alegres ladridos de *Fernando* mientras los recién casados bailaban un chamamé. Si *Fernando* faltaba a un velorio, era todo un desprestigio tanto para el muerto como para los deudos.

La vida de los perros es por desgracia breve, y la de *Fernando* no fue una excepción. Su funeral fue el más concurrido que se recuerda en Resistencia. Las notas necrológicas llenaron de pesar los periódicos locales, incontables paraguayos cruzaron la frontera para manifestar su sentida aflicción, los caciques de la política cantaron loas a sus virtudes ciudadanas, los poetas leyeron versos en su honor, y una suscripción popular financió su monumento, que se levanta frente a la casa de Gobierno, pero dándole la espalda, es decir, mostrándole el culo al poder.

Hace un par de semanas, con mi hijo Sebastián que se inicia en los senderos que amo, salimos de Resistencia para cruzar el Chaco Impenetrable. En el límite de la ciudad leímos por última vez el letrero que dice: «Bienvenidos a Resistencia, ciudad del perro *Fernando.*»

SOÑAR SE ESCRIBE CON «S» DE SALGARI

En uno de mis sueños de infancia Sandokán resultó seriamente herido luego de enfrentarse a unos negreros holandeses, y el muy leal Yáñez no estaba con él. Pero estaba yo, acongojado junto al héroe caído, y luchando con las lágrimas pregunté al Tigre de Malasia qué debía hacer.

—Buscar a Yáñez. Pon la nave a todo trapo rumbo a Madagascar —me respondió.

Mucho tiempo más tarde, en 1984, me encontraba en Mozambique, y en una habitación del hotel Sevilla, de Maputo, volví a tener el mismo sueño.

Así que junté mis pertenencias y desde Punta da Barra, al norte de Inhambane, subí a una embarcación de pescadores que navegó siguiendo la línea del trópico de Capricornio hacia el este.

Unas seiscientas millas mide el canal de Mozambique, que separa África de Madagascar, la cuarta isla más grande del mundo. A mitad de ruta, entre peligrosos bancos de arena que los hombres de mar mozambiqueños conocen como las palmas de sus manos, pude ver los contornos de otro lugar muy visitado por Sandokán: la desolada isla Europa, de soberanía francesa y habitada por miles de aves marinas que no graznan en francés.

Tras dos días de apacible navegación los pescadores me dejaron en Tuléar, una bella ciudad rodeada de manglares que abre las puertas de la enorme isla. Una buena carretera permite recorrer sin problemas los mil seiscientos kilómetros de longitud de la isla, desde Fort Dauphin por el sur hasta Diego Suárez por el norte, pero un algo inexplicable me dijo que a Yáñez lo encontraría viajando por los estrechos senderos de la parte oeste, y así tuve la ocasión de conocer Mania, Morandova, Bejo, Maintirano y Marovoay.

Entre la exuberante selva de ébano, palo de rosa, palisandro y rafia, aparecen de pronto las plantaciones de azúcar, tabaco y los cultivos de árboles de especias. El viejo ferrocarril que une Maintirano con Tananarive cruza regiones en donde el aire húmedo impregna la piel con los aromas del clavo de olor, canela, pimienta y nuez moscada, como si la naturaleza perfumara al viajero antes de conocer a las bellas, bellísimas mujeres malgaches, que desde todo punto de vista parecen moldeadas por la pluma de Salgari.

Son altivas, enigmáticas, de un andar casi irreal, porque se podría jurar que sus pies no tocan el suelo.

Y los hombres malgaches, además de afables, son estupendos conversadores. Según las guías de viaje, en Madagascar se habla francés y malgache, pero la proximidad con Mozambique permite entenderse en portugués sin ningún problema.

Una noche, en una taberna de Tamatave, empecé a preocuparme porque de Yáñez no había encontrado ni la menor pista, de tal manera que, para pensar mejor apuré unos vasos del buen ron de la isla y fumé un cigarro de esos que las mujeres forman haciéndolos rodar por sus muslos generosos. De pronto, sin darme cuenta, mis manos se unieron al rítmico tamborileo de los dedos sobre las mesas, y me dejé llevar por los contadores de historias que hablaban de días muy lejanos, de una libertad arrebatada por negreros franceses y holandeses, de una Polinesia a la que los malgaches regresan cada noche, en la alucinada nave del tabaco y del ron, en la misma barca infinita de los sueños en donde por fin encontré a Yáñez, y por él supe que Sandokán estaba bien, muy bien, repuesto y listo para los nuevos combates, porque las heridas de los héroes de la literatura son rápidamente curadas con el bálsamo de la lectura.

UN TAL LUCAS

La Patagonia argentina empieza a cobrar un intenso y creciente color verde a medida que uno se acerca a la cordillera de Los Andes, como si el follaje de los árboles que han sobrevivido a la voracidad de las madereras quisiera decirnos que la vida es posible pese a todo, porque siempre habrá algún —o muchos— locos capaces de ver más allá de las narices del lucro.

Uno de ellos es Lucas, o un tal Lucas, como, parodiando a Cortázar, lo llaman los lugareños de las proximidades del lago Epuyén.

Durante los años 1976 y 1977, huyendo del horror desatado por los militares argentinos contra todo aquel que pensara, o se viera diferente del modelo establecido según las necesidades de la patria que los mismos militares se inventaron, Lucas y un grupo de chicas y chicos buscaron refugio en la lejana Patagonia.

Eran gentes de la ciudad, estudiantes, artistas, muchos de ellos no habían visto jamás una herramienta de labranza, pero llegaron allá cargando sus libros, discos, símbolos, con la sola idea de atreverse a formular y practicar un modelo de vida alternativo, diferente, en un país en donde el miedo y la barbarie lo uniformizaba todo.

El primer invierno, como todos los inviernos patagónicos, fue duro, largo y cruel. Los esfuerzos por cultivar unas huertas no les permitieron hacer acopio suficiente de leña, y tampoco alcanzaron a calafatear debidamente los ensambles de los troncos de las cabañas que levantaron. El viento gélido se colaba por todas partes. Era un puñal de hielo que hacía más cortos aún los días australes.

Los pioneros, los chicos de la ciudad, se enfrentaban a un enemigo desconocido e imprevisible, y lo hacían de la única manera que conocían; discutiendo colectivamente para arribar a una solución. Pero las palabras bienintencionadas no detenían al viento y el frío mordía los huesos sin clemencia.

Un día, ya con las provisiones de leña casi agotadas, unos hombres de ademanes lentos se presentaron en las mal construidas cabañas y, sin grandes palabras, descargaron la leña que llevaban a lomo de mulas, encendieron las salamandras y se entregaron a reparar los muros.

Lucas recuerda que les dio las gracias y les preguntó por qué hacían todo eso.

—Porque hace frío. ¿Por qué va a ser? —respondió uno de los salvadores.

Ése fue el primer contacto con el paisanaje de la Patagonia. Luego vinieron otros, y otros, y en cada uno de ellos los chicos de la ciudad fueron aprendiendo los secretos de aquella región bella y violentamente frágil.

Así pasaron los primeros años. Las cabañas levantadas junto al lago Epuyén se tornaron sólidas y acogedoras, las tierras circundantes se transformaron en huertas, puentes colgantes permitieron cruzar los arroyos y, según las lecciones de los paisanos, cada uno de ellos se transformó en un cuidador de los bosques que nacen a los bordes del lago, y se prolongan subiendo y bajando montes.

En 1985, con la riqueza forestal de la Patagonia chilena exterminada por las compañías madereras japonesas, la Patagonia argentina conoció también los horrores del progreso neoliberal: las motosierras empezaron a talar alerces, robles, encinas, castaños, árboles de trescientos o más años y arbustos que apenas se elevaban a un metro del suelo. Todo iba a dar a las fauces de las picadoras que convertían la madera en astillas, en serrín fácil de transportar a Japón. El desierto creado en Chile se extendía hacia la Patagonia argentina.

Los modelos económicos chileno y argentino son la gran victoria de las dictaduras. Las sociedades crecidas en el miedo aceptan como legítimo todo aquello que proviene de la fuerza, sea de las armas o del capital. Junto al lago Epuyén, nada ni nadie parecía capaz de oponerse al siniestro rumor de las motosierras. Pero Lucas Chiappe, un tal Lucas, dijo no, y se encargó de hablar en nombre del bosque con los paisanos que viven al sur del paralelo 42.

—¿Por qué quieres salvar el bosque? —le preguntó algún paisano.

—Porque hay que hacerlo. ¿Por qué va a ser? —respondió Lucas.

Y así, contra viento y marea, desafiando y sufriendo amenazas, golpes, encarcelamientos, difamaciones, nació el proyecto «Lemu», que en lengua mapuche significa bosque.

En Buenos Aires los llaman: «Esos *hippies* de mierda que se oponen al progreso», pero junto al lago Epuyén los paisanos los apoyan, porque una elemental sabiduría les indica que la defensa de la tierra es la defensa de los seres humanos que habitan el mundo austral.

Cada árbol salvado, cada árbol plantado, cada semilla cuidada en los almácigos es un segundo preservado del tiempo sin edad de la Patagonia. Mañana, tal vez el proyecto Lemu sea un gran corredor forestal de casi mil quinientos kilómetros de longitud. Mañana, tal vez los astronautas puedan ver una larga y hermosa línea verde junto a la cordillera de Los Andes australes.

Tal vez alguien les diga que eso lo empezó Lucas Chiappe, un tal Lucas, paisano de Epuyén, allá en la Patagonia.

EL AMOR Y LA MUERTE

Por la mañana el cartero me entregó un paquete. Lo abrí. Era el primer ejemplar de una novela que escribí pensando en mis tres hijos pequeños. Sebastián, que tiene once años, y los gemelos Max y León, que tienen ocho.

Escribirla fue un acto de amor hacia ellos, hacia una ciudad en la que fuimos intensamente felices, Hamburgo, y hacia el personaje central, el gato *Zorbas*, un gato grande negro y gordo que ha sido nuestro compañero de sueños, cuentos y aventuras durante muchos años.

Justamente cuando el cartero me entregaba ese primer ejemplar de la novela y yo sentía la dicha de ver mis palabras en el orden meticuloso de sus páginas, *Zorbas* estaba siendo examinado por un veterinario, aquejado de una enfermedad que primero lo tornó inapetente, triste, mustio, y que finalmente le dificultó dramáticamente la respiración. Por la tarde fui a buscarlo y escuché el terrible dictamen: lo siento, pero el gato tiene un cáncer pulmonar muy avanzado.

Los párrafos finales de la novela hablan de los ojos de un gato noble, de un gato bueno, de un gato de puerto, porque *Zorbas* es todo eso y mucho más. Llegó a nuestras vidas justo cuando Sebastián nacía y, con el tiempo, de nuestro gato pasó a ser un compañero más, un querido compañero de cuatro patas y melódico ronronear.

Amamos ese gato, y en nombre de ese amor tuve que reunir a mis hijos para hablarles de la muerte.

Hablarles de la muerte a ellos que son mi razón de vivir. A ellos, tan pequeños, tan puros, tan ingenuos, tan confiados, tan nobles, tan generosos. Luché con las palabras buscando las más adecuadas para explicarles dos terribles verdades.

La primera, que *Zorbas*, por una ley que no inventamos y a la que sin embargo debemos someternos aun a costa de nuestro orgullo, moriría, como todo y como todos. La segunda, que de nosotros dependía evitarle una muerte atroz y dolorosa, porque el amor no sólo consiste en lograr la felicidad del ser que amamos, sino también en evitarle sufrimientos y preservar su dignidad.

Sé que las lágrimas de mis hijos me acompañarán toda la vida. Qué pobre y miserable me sentí ante su indefensión. Qué débil me vi ante la imposibilidad de compartir su justa ira, sus rechazos, sus cantos a la vida, sus imprecaciones a un dios que, por ellos y sólo por ellos, tendría en mí a un creyente, sus esperanzas invocadas con toda la pureza de los hombres en su mejor estado.

¿Es la moral un atributo o una invención de los hombres? ¿Cómo explicarles que teníamos el deber de preservar la dignidad y entereza de ese explorador de los techos, aventurero de jardines, terror de las ratas, trepador de castaños, pendenciero de patios a la luz de la luna, habitante definitivo de nuestras conversaciones y de nuestros sueños?

¿Cómo explicarles que hay enfermedades que precisan del calor y la compañía de los sanos, pero que hay otras que son pura agonía, pura indigna y terrible agonía, cuyo único signo de vida es el deseo vehemente de morir?

¿Y cómo responder al drástico «por qué él»? Sí. ¿Por qué él? Nuestro compañero de paseos en la Selva Negra. ¡Qué gato tan loco! Murmuraba la gente al verlo correr junto a nosotros, o montado en la perrilla de una bicicleta. ¿Por qué él? Nuestro gato de mar que navegó con nosotros en un velero por las aguas del Kattegat. Nuestro gato que, apenas abría la puerta del auto era el primero en subir, feliz ante la idea de viajar. ¿Por qué él? ¿De qué me vale todo lo vivido si no tuve una respuesta para esa pregunta?

Hablamos rodeando a *Zorbas*, que nos escuchaba con los ojos cerrados, confiando en nosotros, como siempre. Cada palabra entrecortada por el llanto cayó sobre su piel negra. Acariciándolo, reafirmándole que estábamos con él, diciéndole que, ese amor que nos unía, nos conducía a la más dolorosa de las determinaciones.

Mis hijos, mis pequeños compañeros, mis pequeños hombres, mis pequeños tiernos y duros hombres murmuraron el sí, que *Zorbas* reciba esa inyección que lo hará dormir, soñar con un mundo sin nieve y con perros amables, con techos amplios y asoleados, con árboles infinitos. Desde la copa de alguno nos mirará para recordarnos que él nunca nos olvida.

Es de noche cuando escribo. *Zorbas*, que apenas respira, descansa a mis pies. Su piel brilla bajo la luz de la lámpara. Lo acaricio con tristeza e impotencia. El es testigo de tantas noches de escritura, de tantas páginas. Ha compartido conmigo la soledad y el vacío que llegan tras poner el punto final a una novela. Le he recitado mis dudas y los poemas que pienso escribir algún día.

Zorbas. Mañana, por amor, habremos perdido a un gran compañero.

P.D. *Zorbas* reposa al pie de un castaño, en Baviera. Mis hijos hicieron una lápida de madera y en ella se lee: «*Zorbas*. Hamburgo 1984-Vilsheim 1996. Peregrino: aquí yace el más noble de los gatos. Escúchale ronronear.»

LAS ROSAS BLANCAS DE STALINGRADO

Nunca he sabido si Moscú es una ciudad bella, porque la belleza de las ciudades sólo existe reflejada en los ojos de sus habitantes, y los moscovitas miran insistentemente al suelo, como si buscaran una inútil tierra perdida bajo los pies.

No hay nada más triste que los ancianos que, con la cabeza metida entre los hombros y la vista pegada al asfalto, no esperan absolutamente nada, a no ser que un espíritu caritativo les compre alguna de las mil chucherías expuestas sobre pañuelos, toallas, manteles o restos del ajuar nupcial. Muchos de ellos llevan medallas en las solapas, y mi traductora me ayuda a identificar esos restos de iconografía de un país que sucumbió sin pena ni gloria: el viejo que, pese al calor reinante, no se desprende del gabán, es un héroe del trabajo; el otro, que de vez en cuando se lleva a la boca una botella envuelta en hojas de periódico, es héroe de la Unión Soviética. Los dos ancianos, entre tazas de dudosa porcelana, cucharas y libros cuyos títulos no comprendo, ofrecen docenas de objetos de la parafernalia comunista.

Nos acercamos a una anciana, no sé por qué, tal vez atraídos por la belleza de la muchacha que sonríe desde una fotografía en blanco y negro. Ella lo advierte y, con sus manos gruesas que se me antojan de campesina, cubiertas de venas y manchas, nos ofrece el retrato enmarcado en madera.

Es una bella muchacha, posa de pie sobre el ala de un avión, viste cazadora de cuero ceñida por un cinturón militar, el viento detenido en la fotografía juega con el pañuelo que lleva al cuello, y con su cabellera, que tal vez fue rubia.

Junto a ella se ve también a otra muchacha, algo llenita en su mono de mecánico. Bajo la foto hay varias firmas para mí ilegibles y desteñidos sellos con la hoz y el martillo. Mi traductora cruza unas palabras con la anciana que, con dedos temblorosos indica a la gordita de la foto, y sonríe.

Las dos siguen hablando, no entiendo una palabra, supongo que regatean el precio, hasta que Ludmila le entrega todo el dinero que lleva y se aleja mordiéndose los labios.

En su piso, mientras bebemos té, Ludmila abre un libro sobre la Segunda Guerra Mundial y me cuenta la historia de esa foto.

La bella muchacha del avión se llamaba Lilia Vladimirovna Litviak y era piloto de combate. Nació en Moscú un día de agosto de 1921; a los veinte años tuvo su bautismo de fuego en el cielo de Stalingrado, y con otras cinco muchachas piloto de la 286 División del Ejército Rojo formó un escuadrón llamado Las Rosas Blancas de Stalingrado. Volando en sus veloces Yakolevs-1 enfrentaron a los alemanes y en muy poco tiempo se transformaron en la pesadilla de la Luftwaffe. Una rosa blanca pintada sobre la estrella roja identificaba el avión de Lilia, líder del grupo, que entre septiembre del 42 y agosto del 43 derribó doce aparatos al enemigo nazi. La teniente Lilia Vladimirovna Litviak tenía veintidós años cuando despegó para cumplir con su misión número 168, y no regresó jamás.

La gordita del mono de mecánico se llama Inna Pasportnikova. Su misión en la guerra fue mantener a punto los Yakolevs de Las Rosas Blancas de Stalingrado, y de todas aquellas valientes mujeres es la única sobreviviente, sí, sobreviviente, porque esa anciana que puso su cuota de sacrificio y dio los mejores años de su juventud a la lucha contra la bestia parda, sobrevive con una pensión que no llega a las 500 pesetas, menos de cuatro dólares, y vende sus recuerdos en una calle de Moscú.

Veloces automóviles cruzan las avenidas moscovitas. Los cristales oscuros no dejan ver a los pasajeros. Hombres elegantes salen de los bancos flanqueados por guardaespaldas. En el restaurante Dimitri ofrecen un «menú ejecutivo» de 300 dólares, champaña incluido. Inna Pasportnikova mira insistentemente al suelo.

Quiero creer que todavía tiene un sueño, uno solo: ver aterrizar el Yakolev de su camarada teniente Lilia Vladimirovna, ponerlo a punto, y enseguida despegar con ella para cumplir la última misión de Las Rosas Blancas de Stalingrado.

«68»

A treinta años del 68 se hablará del mayo francés, de la gesta de los estudiantes parisienses, escucharemos a los que estuvieron allí, y también a los que quisieron o creyeron haber estado en las barricadas del Barrio Latino. Yo quiero recordar a un sesentayochista que no estuvo en París, pero sí en muchos otros lugares.

Lo conocí en 1967 durante un encuentro de juventudes del Cono Sur realizado en Córdoba, Argentina, y los que todavía no cumplíamos veinte años nos vimos sorprendidos por la actuación de un grupo de rock llegado de Checoslovaquia. Se llamaban The Crazy Boys, y el muchacho que hacía de primera guitarra y vocalista se esforzaba por explicar en español los textos que luego cantaba en el idioma de Seifert.

Aquella tarde, en el estadio de fútbol de Córdoba, Miki Volek nos habló de un joven poeta checo llamado Jan Palach y de él nos leyó un poema al que había puesto música. El poema decía: *Yo me atrevo porque / tú te atreves porque / él se atreve porque / nosotros nos atrevemos porque / vosotros os atrevéis porque / ellos no se atreven.*

Los rockeros de aquel tiempo, como los de hoy, éramos bastante fieles a nuestros ídolos y nos costaba agregar nombres a la lista encabezada por Pete Segers, Lou Reed y Bill Haley, pero The Crazy Boys, liderados por Miki Volek, nos entregaron una dimensión diferente de esa música que llevábamos y llevamos en las venas. No entendíamos el idioma checo, pero comprendíamos que esas canciones eran como nosotros: esperanzadoras, alegres, irreverentes.

Un año más tarde vino la invasión soviética de Checoslovaquia, el aplastamiento a sangre y fuego de la Primavera de Praga. Jan Palach fue consecuente con su poema y se atrevió hasta las últimas consecuencias, inmolando su preciosa y joven vida frente a los tanques invasores. Miki Volek también se atrevió, y fue encarcelado, hasta que seis meses más tarde obtuvo una dudosa libertad a cambio de no ejercer nunca más su profesión de músico, su fe de rockero.

Entre 1969 y 1971, Miki Volek trabajó como jardinero en un cementerio de Praga. «Creí que estaba solo, que no tenía más que a los muertos, pero a ellos les cantaba, aunque nunca supe si les gustaba mi repertorio», contó Miki en la reunión clandestina fundacional del grupo Carta 77. Pero no estaba solo.

A finales de 1971, gracias a las gestiones de varios grupos de rock, como los Blue Splendor, Red Diamonds o The Rio Branco Connection, Miki Volek pudo viajar al Festival de Rock de Valparaíso, en Chile. Llegó sin su guitarra porque la dictadura checa se la había requisado, pero lleno de canciones esperanzadoras, alegres, irreverentes.

Acompañándose de una guitarra prestada nos cantó un tema que de inmediato incorporamos a nuestro repertorio. Era una balada que hablaba del tercer camino hacia la libertad: lejos del egoísmo, lejos de la mediocridad, lejos, muy lejos del poder.

Al final del concierto, unas manos anónimas le hicieron llegar un paquete remitido desde Montevideo hasta el escenario. Miki lo abrió de inmediato. Era una guitarra eléctrica, una Fander, era La Guitarra, y de ella colgaba una breve nota: «Para que nunca dejes de tocar. Dirección del MLN Tupamaros.»

Esa Fander estuvo junto a Miki Volek por el resto de su vida. Fue su compañera en el incesante atreverse. Miki

Volek fue a dar varias veces a la cárcel, conoció los golpes, las humillaciones, y nunca dejó de cantar, hasta que el régimen comunista se desplomó como un castillo de basura.

Lo vi por última vez en Berlín, durante la inolvidable noche en que se derrumbó el muro. Hablamos de los viejos rockeros, me contó que The Crazy Boys eran todos abuelitos, y que él, pese a sufrir algunos achaques, seguía siendo el mismo chico divertido que conociera en Córdoba. Bebimos la cerveza de la espuela en una estación del metro y lo vi alejarse con su aspecto de rockero invicto.

Miki Volek murió el 15 de agosto de 1996, el mismo día en que falleció Sergiu Celibidache, y por eso nadie habló ni escribió una necrológica sobre el rockero checo.

Al conocer la noticia pedí a mi hijo Carlos, guitarrista —también toca una Fander— del grupo de rock sueco Psycore, que me buscara a The Crazy Boys entre la tribu mundial de los rockeros. Así di con Jîri Bander, el bajista del grupo checo. Por él supe que Miki había muerto solo, en la más absoluta soledad y en la miseria. A los 53 años le fallaron los riñones y no tenía dinero para pagar un médico. Vivía en un suburbio de Praga y era el único habitante de un edificio condenado a la demolición. No tenía nada. ¿Nada? No. Tenía la guitarra que le regalaron los Tupamaros y a ella se abrazó en el viaje final.

Miki Volek es uno de mis héroes del 68, y estoy seguro que antes de morir se atrevió a sacarle un par de notas a la Fander. Un par de notas esperanzadoras, alegres, irreverentes, porque los nobles rockeros como Miki se van, pero no mueren.

PAPA HEMINGWAY
ES VISITADO POR UN ÁNGEL

Joselito Morales es negro como la noche, y con seguridad que a esta hora se pasea por las calles de La Habana con su desvencijada maleta de cartón repleta de aguacates. Él y los aguacates forman una curiosa mezcla de negro y verde, recortada contra los colores siempre cambiantes del Caribe.

—¿Sabe usted que todos los boxeadores nobles se van al cielo? —me preguntó una tarde sentados en el malecón.

—¿A qué cielo? —le pregunté a mi vez.

—No al cielo de los curas, sino al otro, al que está lleno de lindas chicas que jamás dicen que no cuando las sacan a bailar. En ese cielo se puede beber todo el ron que uno quiera, y gratis. Ése es el cielo donde Papa Hemingway recibe a todos los que fueron nobles.

Me gustó la idea de Joselito, y en ese cielo creo.

Hoy, cuando se acerca el 35 aniversario de la muerte de Ernest Hemingway, su nieta Margot decidió emprender el camino para encontrarse con su abuelo y, quiero creer que, esté donde esté ese cielo, habrá una fiesta con mucho ron y música caribeña.

Papa Hemingway me acompaña desde que era un muchacho. Frente al tablón de panadero sobre el que escribo tengo una foto suya que lo muestra con un grueso pullóver de lana, y en su rostro se ven todas las marcas que la vida le fue tallando.

Escribo marcas y no cicatrices, porque las cicatrices son monumentos al dolor, las marcas de Hemingway, en cambio, me dicen: mira, compañero, de aquí nace la literatura, de estas marcas que son diplomas por todo lo vivido.

Muchas veces he seguido sus pasos en España, Italia, Cuba, y siempre he encontrado huellas que reafirman mi cariño por el maestro. Lo he seguido, no en la España de la fiesta brava, sino en la de la derrota republicana, porque en ese espacio Hemingway rescató lo mejor de la existencia.

Un tío mío que combatió en las Brigadas Internacionales supo retratarlo: «Él sabía que la causa republicana estaba derrotada, pero se quedó con nosotros, no para infundirnos coraje, que sobraba. Se quedó para recordarnos que éramos hombres dignos, y que la lucha no se agotaba en los frentes de Teruel o Zaragoza. Seguía más allá de los Pirineos y de los Urales. Se quedó para decirnos que la dignidad era una causa planetaria.»

Una mañana, en Venecia, tomé muy temprano el botiscafo que me llevaría al aeropuerto. Era invierno, y la luz del amanecer pintaba la ciudad con colores imprecisos, casi irreales. El agua de los canales, lisa como un espejo, parecía reclamar por las heridas que le abría la embarcación, y de pronto, en el reflejo de aquella Venecia todavía dormida, vi la silueta de un hombre viejo rumiando el silencio del alba, la única manera de aceptar la imposibilidad del amor hacia una mujer mucho, demasiado, más joven, y no por un prejuicio derrotista o una superchería moral, sino para salvar la capacidad de amar de esa mujer.

Desde el botiscafo reviví todo el argumento de *Across the River and into the Tress*, y observé cómo Papa Hemingway se alejaba con el anciano personaje hacia otros parajes de la laguna, para seguir con la caza de patos, formidable pretexto para tan sabia novela de amor.

En el Caribe lo he encontrado en todos los pescadores de «ojos azules e invictos», azules, no por sangre anglosajona, sino teñidos por el color del mar y las desgracias.

Lo saludo cada día, y cada día Papa Hemingway me

responde enseñándome que el oficio de escribir es un trabajo de artesano. Lo saludo, y le digo que sus consejos son mandamientos para mí: «para de escribir solamente cuando sabes cómo sigue la historia. Recuerda que se pueden escribir excelentes novelas con palabras de veinte dólares, pero lo meritorio es escribirlas con palabras de veinte centavos. Nunca olvides que tu oficio es sólo una parte de tu destino. Una raya de menos no cambia la piel del tigre, pero una palabra de más mata cualquier historia. La tristeza se resuelve en el bar, jamás en la literatura».

A veces imagino el suicidio de Papa Hemingway. Supongo que aquella mañana de 1961 se miró al espejo y se preguntó: ¿Y ahora, qué?

Afuera estaban los montes de Idaho, los árboles, el pasto, los pájaros, sus gatos (la noche anterior uno de ellos había arañado un libro de Paul Lafargue), todo lo que resumía la vida de un gigante. ¿Y ahora, qué?

Entonces amartilló la escopeta con la decisión de acabar con la debilidad que amenazaba con acabar con el hombre.

Treinta y cinco años más tarde su nieta está con él, en ese mismo cielo que me describió Joselito Morales en La Habana. No en el cielo de los curas, sino en el otro, donde la vida es una fiesta.

JUANPA

He conocido a muchas personas que destacan por su tozudez ética, por su coherencia moral, por su insistencia en la defensa de los derechos del otro. Pero pocas de ellas del nivel de consecuencia de mi amigo Juanpa, y cuando le he preguntado si no se cansa de luchar contra la corriente, siempre me ha respondido que ésa es la única forma en que él entiende el periodismo.

Durante quince años atroces, Juanpa dirigió la revista *Análisis*, primera barricada del combate democrático contra la dictadura encabezada por un delincuente internacional llamado Pinochet. *Análisis* fue también el amoroso fortín de papel en que se refugiaban los derechos humanos pisoteados y la memoria de Chile.

No todos los quiosqueros se atrevían a venderla; leerla en público llegó a ser peligroso, y tener números atrasados de la revista llegó a ser motivo de querellas por reunir material subversivo; pero, quincenalmente primero, y luego cada semana, la revista y los editoriales de Juanpa fueron la única luz que desafiaba las sombras de la dictadura.

Fueron años duros, ciertamente, y en torno a Juanpa se reunió un equipo de periodistas y colaboradores que ejercieron casi un voluntariado. Había miedo, claro que lo había, porque el terror mostraba las garras por todas partes, pero la razón, la certeza de la razón, era el gran aliciente para seguir adelante. Y se pagó un precio por mantener la única expresión libre de la prensa chilena. Un alto precio.

A José Carrasco Tapia, Pepone para todos cuantos le quisimos, editor internacional de *Análisis*, lo sacaron de su casa una noche de 1985, durante las macabras horas del toque de queda, cuando apenas se había metido a la cama. Silvia, su compañera, intentó entregarle los zapatos, pero los emisarios de Pinochet le respondieron: «Allá adonde los llevamos no los necesitará.» El cuerpo de Pepone apareció al día siguiente, acribillado a tiros y con los inconfundibles signos de las torturas que permanecerán como un sello indeleble sobre la historia de Chile, por muy exitoso que sea su modelo económico.

Juanpa estuvo siempre en la mira del dictador, pero su inteligencia perversa y la de sus asesores civiles llamados Onofre Jarpa y Jaime Guzmán, le indicaron que asesinarlo o desaparecerlo le traería complicaciones internacionales. No se desaparece fácilmente a un periodista galardonado con la Pluma de Oro de la Libertad, otorgada por la Federación Internacional de Editores de Periódicos, o con el Premio Ortega y Gasset, de *El País*, entre muchos otros reconocimientos recibidos. Tras esta elemental reflexión, la bestia uniformada decidió que Juanpa sería su prisionero personal, su víctima privada.

Juanpa estuvo siete veces en la cárcel, y nunca dejó de escribir. Desde las mazmorras, manos amigas se encargaban de sacar los editoriales manuscritos y el lunes siguiente aparecían en *Análisis*. Lo visitaban ministros extranjeros, el cuerpo de corresponsales acreditados hacía guardia frente a la cárcel velando por la vida de Juanpa. *Análisis* continuaba en los quioscos.

En una muestra de generosidad de la bestia, Pinochet le permitió dejar la cárcel durante el día, pero cada noche debía retornar a la celda, todo esto sin que mediara juicio alguno, sino la simple voluntad del señor de los horrores.

Pasaron los años, el temple de Juanpa se mantuvo inquebrantable, como su pluma y su ética. Esto, naturalmente, inquietó al oficial de infantería que se jactaba de leer quince minutos cada día, y ordenó la ejecución de una nueva forma de amedrentamiento: quemar la casa del periodista.

Lo hicieron dos veces. Durante uno de sus pocos días de libertad le ayudé a ordenar los libros medio chamuscados, húmedos todavía del agua salvadora de los vecinos que llegaron a tiempo. En su casa de San Vicente, al sur de Santiago, Juanpa tiene la más bella colección de libros a medio consumir por las llamas, con títulos que apenas se leen, y que los amigos bautizamos como Biblioteca Torquemada.

En 1989, la dictadura sucumbió por repudio popular, llegó una suerte de extraña democracia, pero quedó la sombra del dictador manifestada en pactos secretos y presencias odiosas. En algún salón del poder, los nuevos demócratas y el dictador disfrazado acordaron el fin de la revista *Análisis*, el cierre definitivo del bastión democrático dirigido por Juanpa.

Acabo de verlo en México, y nos acordamos de estas y de muchas otras historias del memorial antidictadura. Y lo vi como siempre, tozudo, valiente, inclaudicable, declarando que tenemos mucho por hacer.

Cuando quieras y donde quieras, Juanpa, Juan Pablo Cárdenas, compañero del alma, periodista imprescindible.

ROSELLA, LA MÁS BELLA

Hace justamente dos años, y bajo el sol piamontés del mediodía, sentí que el hambre conducía mis pasos con premura hacia el mercado de Asti, rumbo a una vieja *trattoria* que se llamaba simplemente así: Trattoria del Mercado.

Abrí la puerta, entré, el lugar me pareció uno de los tantos restaurantes y casas de comidas populares que he visitado en diferentes países, y en los que indudablemente se come mucho mejor que en los establecimientos dotados de varios tenedores, porque se come también con los ojos, con los oídos, y generalmente la guarnición la ponen las gentes que comparten las otras mesas.

Se me acercó una mujer risueña, pequeña, de ojos vivaces, que de inmediato me invitó a ocupar un puesto junto a la ventana que daba al mercado, indicó que debía probar su vino —el mejor vino astiziano, agregó—, y enseguida se quedó observándome con expresión divertida.

—¿Te gusta? —consultó indicando mi copa vacía.

Respondí que sí, que era muy bueno, refrescante, frutoso, y le pedí la carta para elegir qué comía.

—Me llamo Rosella y hace cuarenta años que alimento a camioneros, vendedores, agentes de comercio, artistas y saltimbanquis. Ninguno de ellos se ha quejado hasta ahora —aseguró.

—Vale —respondí, y el mantel a cuadros rojiblancos se fue llenando de los huertos del Piamonte, antes de pasar a las prodigiosas pastas, orgullo de la cocina de Rosella. Amo el sabor y aroma de la albahaca. Aquel día amé más que nunca la verde orquídea de la mesa mediterránea. Permanecí una semana en la ciudad y, cada medio día y cada noche ocupé una mesa en la Trattoria del Mercado.

Hace una semana regresé a Asti, lo primero que hice fue ir a la *trattoria* para saludar a Rosella; el lugar estaba igual, las mismas mesas, los mismos manteles, el mismo aroma llegaba desde la cocina, pero había un ambiente extraño entre los comensales, un ambiente que mezclaba la pena con la ira, la nostalgia con la impotencia.

Bebiendo el vino de la última vendimia me enteré de que sobre la *trattoria* pesaba una condena de muerte, que el Ayuntamiento —de derechas— había decidido derribar la casa argumentando que no reunía las características para incluirla en el inventario de edificios históricos, puesto que sus 150 años no significan gran cosa en una ciudad con edificios milenarios, y que el solar se destinaría a un edificio moderno.

La casa en cuestión no es hermosa, pero es bella. Sobre todo en las tardes de verano, cuando Rosella saca las mesas a la calle o dispone algunas bajo los arcos de una vieja caballeriza. Entonces, a la luz de unas velas, se cena en un ambiente perfumado por las adelfas y las verduras que crecen en un cercano huerto. Se cena y se canta. Siempre aparece algún guitarrista y a la segunda canción la *trattoria* se convierte en una fiesta familiar. Pero nada de esto importa a la modernidad.

El pasado 18 de junio, la Trattoria del Mercado celebró su última cena. Rosella, vestida de fiesta, invitó a todos sus clientes para dar un digno fin a la cava, a las verduras de la huerta, preparó muchos kilos de sus afamadas pastas, varios peroles de su inigualable ragú con berenjenas, y enormes bandejas de su inolvidable tarta de trufas.

Comimos, cantamos, reímos, bebimos hasta el alba, hasta que se incorporaron a la fiesta los vendedores del mercado, los repartidores de periódicos, los primeros pajarillos de la mañana.

Cada cierto tiempo, una mujer de aterciopelado acento napolitano entonaba una canción cuyo estribillo, *Rosella, eres y serás la más bella*, era coreado por todos como una forma de conjurar el destino, de hacer más llevadera la derrota.

Ahora sé que nunca más volveré a comer donde Rosella, y la Trattoria del Mercado se agrega a mi inventario de pérdidas.

[illegible]

[illegible]
[illegible]
[illegible]
[illegible]
[illegible]

[illegible]
[illegible]

ASTURIAS

Odio hablar de mí porque jamás quise ser un personaje, pero qué diablos, supongo que un escritor ha de afrontar su propia vida.

Un día de 1977 decidí dejar París —¡oh París!— para vivir definitivamente en el único lugar del mundo en donde me sentí seguro: en Asturias. Y la elección no fue difícil.

En esta región del norte de España, abierta al Cantábrico, los marginales que reivindicamos el derecho a la marginalidad somos bienvenidos. No hay lugar más marginal que Asturias. No hay región más sufrida que Asturias, y para entenderlo basta con estar en Gijón, Langreo, Avilés o Mieres cuando suenan las sirenas de la tragedia minera. Sucede —y en plena época de bienestar, en el nuevo orden internacional— que la mina se traga a uno o más hombres; entonces, los serenos valles asturianos se estremecen en una mueca cósmica. Pero los asturianos —y he aprendido tanto de ellos—, que son duros y tiernos, iracundos y pacíficos, a la justa bronca anteponen voluntad y resistencia, dos valiosas señas de identidad.

Recientemente, un marginal como yo fue declarado caballero de las artes y las letras francesas, y Asturias me demostró todo su afecto. Más tarde, en París me llegó la pregunta de rigor: ¿por qué vives allá, y no aquí, o en Barcelona, Madrid, Roma, Estrasburgo?

Para responder recordé la simple y compleja definición de la humanidad que me enseñaron los asturianos: «o se ye de los otros o se ye de los nuestros». ¿Y quiénes son los nuestros? Los jodidos, los que pierden sin que les hayan preguntado si querían perder. Y los que entregan lo mejor de sí mismos sin esperar recompensas o reconocimientos.

En 1966, los mineros del carbón de Lota, en Chile, mantuvieron una huelga de once meses y sólo les fue posible resistir gracias al apoyo de los mineros asturianos que, en pleno franquismo, encontraron formas de ayudar a sus lejanos compañeros chilenos. Y hace apenas un par de años, camiones con ayuda humanitaria que salieron de Asturias fueron los primeros en llegar a Mostar o Sarajevo, contradiciendo muchas veces los dictados de una Europa atónita y servil.

La incorporación de España a la Comunidad Europea impuso a los asturianos un alto precio, que se llamó reconversión industrial, paro, incertidumbre, pero un orgullo inexplicable para los burócratas del triunfalismo les permitió afrontarlo de manera creativa, porque a las sociedades solidarias no hay manera de reconvertirlas al egoísmo.

La fría soledad del Cabo de Peñas es un pretexto para convivir en los ateneos obreros. ¡Qué entelequia!, dirán los profetas de la modernidad. Pero en Asturias, la tradición va de la mano con la cultura universal, y la idea de progreso no se concibe sobre víctimas.

Es fácil llegar a esta tierra, basta con cruzar el arco dorado de la sidra que establece el escanciador para estar al otro lado. Y ahí comienza un mundo que es toda una propuesta de vida: vivir y dejar vivir, no criminalizar a las víctimas, hacer que el caciquismo político estalle en mil pedazos, creer en el futuro, mas en un futuro que tenga a todos como protagonistas, cantar, beber, leer, trabajar, pensar.

He estado en muchos países, y recién hace tres años empecé a vivir en Asturias, a imaginar mis libros, a incorporar a tantos marginales a una historia que nunca se escribirá, pero qué importa, si de los asturianos aprendí que la vida es una infinita serie de pequeños triunfos y mayores fracasos.

No es difícil ser feliz, dicen los asturianos desde una marginalidad gloriosa que les recuerda el 34, o atroz cuando piensan en las visitas de Franco y doña Carmen saqueando las tiendas de los derrotados. Y yo, como ellos, sé que uno es feliz «mientras se escuche una gaita y haya sidra en el lagar».

EL SEÑOR NADIE

Cierta noche de 1937, unas manos golpearon con dureza a la puerta de una humilde casa de Wüppertal. Una mujer interrumpió la lectura de las travesuras de *Max und Moritz*, y a partir de ese momento el niño que escuchaba se sumió en un profundo silencio que duraría tres décadas.

Se llamaba Fritz Niemand, que en español se puede traducir como Federico Nadie. Vio a sus padres y a algunos vecinos por última vez en un sótano de la Gestapo y, aunque tenía apenas siete años, recibió el «tratamiento de rigor», léase golpes, torturas, para que delatara a posibles visitantes de su casa, pero el pequeño Federico Nadie no podía hablar, porque su lengua se transformó en un apéndice muerto, petrificada por el horror.

Los nazis lo consideraron un guiñapo inútil, y en consecuencia lo internaron en una clínica de enfermos mentales, para que su cuerpo prestara servicios al desarrollo científico del Tercer Reich, es decir, que decidieron usarlo como conejillo de Indias.

Al cumplir diez años, Federico Nadie había perdido completamente el cabello, como consecuencia de los experimentos con sustancias químicas a que lo sometían. Luego, perdió todos los dientes. Cuando los aliados, en 1945, luego de liberar a los pocos sobrevivientes de los campos de concentración, se ocuparon de los que también sobrevivían en docenas de asilos para dementes, lo encontraron al borde de la muerte por inanición, ciego y castrado.

Federico Nadie no pudo testificar en Nüremberg porque su lengua seguía paralizada, y así, fue testigo mudo del proceso de desnacificación, una suerte de sucedáneo ideológico que ningún estudioso ha conseguido explicar y, que por arte de birlibirloque, hizo de nazis convencidos y practicantes, demócratas ejemplares.

Pero como las vidas, incluso las más sufridas, no son ajenas a la magia, ocurrió que, gracias al amor y tesón de una enfermera norteamericana, Federico Nadie volvió a tener voz y la empleó para reclamar justicia. No lo escucharon.

En 1967 indentificó por la voz a uno de los médicos que lo castraron, y que a la sazón era catedrático de la Universidad de Heidelberg. Se le demostró su pasado nazi, su innegable participación en experimentos inhumanos, pero la ceguera impidió a Federico Nadie ser testigo de cargo.

Lo conocí en 1986, cuando un grupo de admirables alemanes antifascistas, solidarios incomparables, como son los integrantes de la Libertaire Asoziation, me presentaron a ese extraño ciego que recorría Alemania buscando las voces de los culpables, el tono de los verdugos, la respiración de los asesinos. Lo vi por última vez en 1990, durante el funeral de los niños, mujeres y hombres turcos asesinados por los neonazis en Mölln, en el norte de Alemania. Le pregunté cómo estaba, cómo se sentía, y me respondió que tenía miedo, porque las voces de los victimarios se multiplicaban.

Tenía razón Fritz Niemand, Federico Nadie, y la sigue teniendo, porque hoy la ultraderecha alemana, con total complacencia de la policía, ocupa las calles de la ex República Democrática Alemana y ladra sus antiguas consignas de horror.

Tiene razón, porque hoy, el país de punta de la construcción europea se ve estremecido por la arrogancia de los nazis que se infiltran en su ejército, y por las abiertas simpatías de las fuerzas del orden hacia los discursos más recalcitrantemente racistas. Tiene razón porque hoy, en Baviera (ninguno de sus habitantes supo de la existencia de Dachau), un editor de basura nazi, formalmente prohibida, se ha transformado en un líder político que participa en las elecciones con el mismo discurso que llevó a Hitler al poder y a Alemania a la catástrofe. Tiene razón, porque en Carintia, en Austria, los neonazis disfrazados de liberales afilan las garras y se aprestan al asalto. Cinco mil neonazis de toda Europa se dieron cita en Berlín, y Federico Nadie volvió a escuchar la voz del horror con toda nitidez.

¿Y Europa? Bien, gracias. Autocomplaciente con la presencia de Le Pen en Francia, observa la cotización del marco alemán, puntal del euro, y cubre el auge del neonazismo y del racismo con los protectores eufemismos de la «expresión de descontento» o «votos de advertencia».

Un viejo fantasma recorre Europa, pero no el del comunismo: es el fantasma del coraje cívico, que debe salir una vez más a las calles para barrer definitivamente toda esa basura. Cuando esto ocurra, Federico Nadie habrá encontrado por fin la justicia que busca con el oído alerta y la memoria invicta.

COLOANE

Así se llama una isla muy cerca de Macao, y es también el apellido de un gigante de barba y cabellera blanca que vive en los territorios sin límites de la Patagonia y la Tierra del Fuego. Francisco Coloane, *Don Pancho*, como le llamamos sus amigos.

Recién en 1988 empezaron a publicarse en Europa las novelas de este gigante de ochenta y ocho años, y que cuenta con millones de lectores en América del Sur. Alguno se preguntará: ¿y qué tiene de marginal este escritor? La respuesta es: todo, porque Don Pancho representa la más noble de las marginalidades; la de una decencia mantenida a ultranza y de una generosidad que pocas veces se da en el mundillo de la literatura.

Autor de *Tierra del Fuego, El último grumete de la Baquedano, El camino de la ballena, El guanaco blanco*, entre muchos otros títulos memorables, Don Pancho jamás fue por la vida presumiendo que era un escritor, ni se viste como se supone deben hacerlo los escritores, ni habla de los tópicos supuestos en los escritores, porque con su enorme corazón de contador de historias y sus ademanes de marinero, siempre se ha sentido a gusto entre los humildes, entre los que comparten con él su vino, esperanzas y tristezas. Don Pancho se ha jugado por todas las causas justas que han movido a los chilenos, carga muchas derrotas a su espalda, pero ni una sola esperanza se ha caído de su morral de navegante. Era un muchacho que hilvanaba sus primeros cuentos cuando se jugó por los peones laneros y los pescadores de la Tierra del Fuego. Era un hombre que escribía su primera novela cuando abrió su casa para recibir a los exiliados españoles llegados a Chile. Era un capitán de la mar del sur, con muchos libros publicados cuando abrió una vez más su casa para recibir a los perseguidos por la dictadura de Pinochet. Hoy es un muchacho de barba y cabellera blanca, que ofrece su casa a los familiares de los desaparecidos y a los jóvenes chilenos que todavía conservan esperanzas.

Son demasiados los plumíferos que arrugan la nariz cuando menciono su nombre. «Es un escritor de segunda.» «Un autor de novelas de aventuras.» «Jamás será considerado por la Academia», comentan mientras alzan las tacitas de café con el dedo meñique muy levantado.

Caballero de las Artes y las Letras en Francia, Don Pancho no siente ningún apego por las academias. Recuerdo una cena en Saint-Malo, justamente entre académicos, en que un vecino de mesa rompió una taza de consomé. Don Pancho se guardó el asa y, más tarde, poniéndosela como anillo, me dijo: «Es un arma marinera, nunca se sabe lo que puede ocurrir en estos ambientes.»

Mientras escribo en Gijón, Don Pancho también lo hace en su casa de Santiago, rodeado de objetos de mar y fotos de sus amigos. Escribe una novela sobre los mil naufragios ocurridos en el Estrecho de Magallanes, y sobre los marineros sin nombre ni patria sepultados en Punta Arenas. Con toda su fuerza y su amor fraternal, Francisco Coloane escribe sobre los hombres más marginales de la tierra.

LOS AMANTES

La estrecha carretera que conduce de Santo Domingo de los Colorados a Esmeraldas pasa sobre un puente de hierro que pende a escasos metros de las veloces aguas del río Esmeraldas, y son muy pocos los viajeros que se detienen en el caserío crecido junto al puente, sin embargo, de su nombre promisorio: El Dorado.

Una mañana de 1978, un camionero me dejó ahí, y me acerqué al embarcadero para ver si alguna canoa me llevaba río arriba. No vi a nadie, de tal manera que me senté sobre la mochila a esperar escuchando el incesante rumor de la selva cercana.

En los territorios cálidos hay que saber esperar, no permitir nunca que el tiempo se transforme en una carga. En eso estaba, esperando, cuando se acercó una canoa pilotada por un hombre de contextura atlética, un negro que se arrimó a la orilla, ató la embarcación, se sentó muy cerca de mí y lió un pitillo. Al saberse observado me preguntó si quería fumar, y me pasó la bolsa de tabaco y el cuadernito de papel.

—¿Para dónde va, si se puede saber? —preguntó.

Al responderle que simplemente quería navegar río arriba, hasta el territorio de los aucas, se quedó mirándome fijo.

—O sea que quiere ver a los aucas, ¿y ellos?, ¿quieren verlo a usted?

No supe qué contestar, así que seguimos en silencio

hasta que, pasándome de nuevo los materiales de fumar, dijo que podía llevarme hasta El Calvario, a unas tres horas río arriba.

—Pero tenemos que esperar hasta que llegue mi amante —precisó.

Esperamos, y entretanto me habló de los aucas, que evitaban cualquier contacto con extraños, aterrorizados por enfermedades que los diezmaban, y me contó la historia de El Calvario, un enclave de colonos negros que vivían de plantar yuca y de la generosidad de la selva.

—No se vive mal en El Calvario, mientras dure —dijo.

Casi al atardecer se detuvo un vehículo a la entrada del puente, y de él bajó Margarita, una bella muchacha negra que se arrojó a sus brazos. Recién entonces supe que mi compañero de espera se llamaba Rubens.

Navegamos en el crepúsculo y bajo la cerrada noche selvática. Rubens parecía conocer de memoria cada palmo de río, con mano segura esquivaba los remolinos, troncos y peñascos. Cuando llegamos a El Calvario los mosquitos picaban sin piedad, y luego de asegurar la canoa me invitaron a pasar la noche en su casa de cañas y techo de palmeras. Cenando patacones de yuca me hablaron de ellos. Se amaban con pasión, con furia, y nunca se iban a casar. Con su amor no reglamentado se habían ganado el odio de los curas que dos veces al año navegaban por el río Esmeraldas, casando parejas, y de los pastores del instituto lingüístico de verano, unos papanatas norteamericanos que los acusaban de concubinato. Ser amantes era para ellos una placentera forma de resistencia.

Me quedé dos semanas en El Calvario. Mientras Margarita cumplía con sus funciones de monitora de salud, Rubens y yo pescábamos raspabalsas que por las tardes comíamos con salsa de coco. A veces veíamos pasar unos aucas en una piragua. Eran indios tristes, de ojos achinados, que no miraban a la orilla. En una ocasión en que los tres habíamos salido de cacería, encontramos dos aucas muertos junto a una fogata fría. Margarita los examinó y movió la cabeza con desazón. Todos tenían varicelas, y el suicidio era la única manera de no contagiar a la tribu.

—¿Todavía quieres ir al territorio auca? —consultó Rubens mientras juntaba leña seca para quemar los cuerpos.

Me despedí de los dos amantes una mañana de intensa lluvia. La selva estaba en silencio, y tal vez por eso escuchamos con toda nitidez el pavoroso roncar de las motosierras. El progreso, con el aspecto de la maderera Playwood, llegaba a las selvas del norte ecuatoriano.

La canoa que me devolvería a la carretera se alejó y los vi bajo la lluvia, como siempre, tomados de la mano. Así los guardé en la memoria, así los guardo, sobre todo ahora que una reciente fotografía me muestra el caserío de El Calvario en medio de un territorio desertizado.

¿Qué será de Margarita y Rubens?, los amantes de una selva verde que sólo existe en mi memoria.

GÁSFITER

Así le llaman en Chile al fontanero, y el maestro Correa era un *gásfiter* orgulloso de su profesión. «Todo tiene arreglo, menos la muerte», rezaba el código ético escrito en su viejo maletín de las herramientas y, consecuente con tal máxima, recorría las calles de San Miguel, La Cisterna y La Granja, reparando tuberías, eliminando el goteo de los grifos causantes de noches insomnes, soldando las grietas de la vida con su soplete de queroseno.

Casi todos los *gásfiter* salían muy temprano de sus barrios obreros y, colgando de autobuses atestados, se dirigían al «barrio alto», a la zona de los ricos, al otro Chile ajeno y lejano. Allá sobraba el trabajo y, de vez en cuando, algún patrón generoso les soltaba una propina.

El maestro Correa odiaba la palabra patrón y por eso jamás salió de sus barrios. Consideraba que en ellos era verdaderamente necesario porque, cuando en una casa de ricos algo fallaba, simplemente lo reemplazaban, pero entre su gente, en cambio, había que prolongar la vida útil de los artefactos y para eso estaban los secretos de su oficio.

Con ojo certero examinaba un grifo de goteo rebelde, y a la pregunta de la dueña en el sentido de si convendría instalar uno nuevo, respondía alabando a los fabricantes, citando las características nobles del metal, y la perfección de sus partes en las que siempre encontraba detalles de la Bauhaus o del *art déco*. Finalmente, con precisión de cirujano, procedía a desmontar el grifo y dictaminaba: «Todo tiene arreglo, menos la muerte.»

No bebía, porque consideraba el buen pulso como algo fundamental de su quehacer. Con pasión, revisaba o leía publicaciones de arquitectura que compraba en las librerías de viejo, se emocionaba hasta las lágrimas al describir los elementos de algún nuevo material de construcción, y si algún lujo se permitía era ir al estadio como espectador de las olimpiadas de estudiantes. El maestro Correa veía en los atletas mecanismos perfectos, libres de moho y de cualquier oxidación.

Hace algo más de un año se sintió mal, y los médicos le diagnosticaron un cáncer avanzado, ya en fase terminal. El *gásfiter* colocó su soplete de queroseno muy cerca de la cama, y lo observaba con gesto preocupado, con angustia, mas no ante la certeza de la muerte, sino frente al desamparo que esperaba a los grifos, caños y tantos artefactos que dependían de sus manos.

Tenía que hacer algo, y lo hizo. Con sus últimas fuerzas convocó a las clientas que consideraba más cercanas, les explicó que el mundo no podía quedar a merced del moho y la oxidación, y compartió con ellas todos los secretos de su oficio.

Hace unos días, en Santiago, su hija Doris me contó de aquella universidad de la fontanería, de cómo las herramientas pasaban de mano en mano, mientras las aprendices repetían palabras técnicas como en los viejos rituales de iniciación. El funeral del maestro Correa fue muy concurrido, y entre los familiares y vecinos destacó el batallón de mujeres *gásfiter*.

Nunca me importó ni me importa lo que ocurra en los barrios ricos, pero sí me preocupa la suerte de mi barrio San Miguel, La Granja y La Cisterna. Es un alivio saber que las discípulas del maestro Correa, con las herramientas al hombro recorren sus calles, entran en las casas, y se ocupan de que el agua fluya libre y pura, sin escorias, como la gran verdad solidaria de los pobres, esa que jamás se oxida.

¡FELIZ NAVIDAD!

Una mañana de diciembre de 1981 me encontraba en el bar del aeropuerto de Hamburgo esperando la llegada de un querido amigo holandés. Nos habíamos visto por última vez en 1972, de tal manera que tendríamos que contarnos los años de ausencia y eso exigiría vaciar muchas botellas de vino tinto. En eso pensaba, bebiendo una cerveza y leyendo *El País*, que por esos años llegaba a Alemania con un día de retraso, cuando una voz de mujer me pidió en español que le prestara la página del tiempo. Frente a mí tenía a una bella mujer de intensísimos ojos azules y una cabellera larga y rubia.

Nos saludamos, le pasé la página con información meteorológica, y la escuché protestar porque no decía nada sobre el tiempo en Managua. Cruzamos unas pocas palabras, le dije que esperaba a un amigo al que no veía desde hacía nueve años, y ella me confesó que esperaba a su gran amor, al que no veía desde hacía cuatro años. Juntos caminamos hacia la puerta de llegadas y ahí nos quedamos, mirando a los pasajeros que salían empujando los carritos portaequipajes.

Vi aparecer a mi amigo Koos Koster fiel a la imagen que guardaba en la memoria. Alto, desgarbado, con una camisa de cuadros y un mechón de pelo cayéndole sobre la frente. Como siempre, cargaba una cámara de televisión. Koos salió, me guiñó un ojo, abrió los brazos, y en ellos recibió a la rubia de ojos azules.

En el mismo bar del aeropuerto terminamos de presentarnos. Se llamaba Christa, era médico cirujano, y había conocido a Koos en Leipzig, durante un acto de solidaridad con Nicaragua. Koos le contó de nuestras aventuras en el sur de Chile, participando como activistas en la campaña política que llevó a Salvador Allende al gobierno, y más tarde en otro bar, esta vez en el puerto, Christa narró su odisea para huir de la RDA, y juntos me contaron que pensaban casarse e irse a vivir a Nicaragua. Ella trabajaría en un hospital de Managua y Koos como corresponsal en Centroamérica de la cadena Ikon. Era un bello plan de vida y lo celebramos deseándonos ¡feliz Navidad! Vaya si lo celebramos.

Durante las siguientes semanas fuimos inseparables, hasta que, en febrero, Koos anunció que debía partir a El Salvador para hacer unos reportajes. Quedamos en que iríamos al aeropuerto para recibirlo cuando volviera, pero no pudimos hacerlo porque nunca más regresó.

Koos Koster, junto a otros cuatro periodistas holandeses, fue asesinado por el ejército salvadoreño con la complicidad de los asesores militares de los Estados Unidos.

Una mañana muy fría dejamos los restos de Koos en un pequeño cementerio holandés. Los ojos azules de Christa miraban el suelo escarchado. «Me voy», musitó. Le pregunté a dónde. «A reemplazar a mi compañero», respondió.

No hay nada más duro que despedir a una compañera que se marcha al combate. Así, sin eufemismos, al combate, porque Christa se incorporó a la guerrilla salvadoreña, y naturalmente pasaron muchos años sin que tuviera noticias de ella. Nos despedimos con un ¡feliz Navidad!, y decidimos que ése sería nuestro saludo para siempre, porque cada vez que lo dijéramos volvería a unirnos a los tres. ¡Feliz Navidad!

En 1986 viajé a El Salvador como periodista, encontré la punta del ovillo de la madeja clandestina y pedí a los *muchachos* que me llevaran a Chalatenango, a la zona liberada. Allí, en una aldea de *Chalate*, encontré a una médico de la guerrilla de intensísimos ojos azules y larga cabellera rubia. «La compañera Victoria», así me la presentaron.

«¡Feliz Navidad!», le dije. «¡Feliz Navidad!», me respondió.

No podíamos mostrar que nos conocíamos: era peligroso, sobre todo para mí, de tal manera que nos conformamos con mirarnos, y luego yo con mirarla mientras atendía a docenas de heridos, mientras explicaba cómo sacar suero de los cocos, operando a cielo abierto, sanando heridas con medicinas sofisticadas o con simples plantas curativas.

El hospital de «Victoria» consistía en cuatro hamacas, una mesa de operaciones de bambú, un botiquín mantenido siempre en las mochilas que dos arsenaleros cargaban a sus espaldas, y una marmita de agua hirviendo para esterilizar instrumentos y vendajes. Nunca la vida me pareció tan frágil. Y nunca he visto a la vida en mejores manos.

Cada vez que el ejército salvadoreño o la aviación atacaban las posiciones guerrilleras, el hospital se trasladaba a otro lugar de la selva. Los enfermos en parihuelas, los instrumentos en las mochilas, y «Victoria» dando ánimos, antibióticos y esperanzas.

Sé que sobrevivió y que al fin de la guerra continuaba dirigiendo un hospital de campaña. En un lugar de mi casa le aguardan los libros —los poemas de Erich Mühsam— que dejó al marcharse.

Donde quiera que estés, Christa, «Victoria», ¡feliz Navidad!

COMPA

Palabra jugosa y seca al mismo tiempo. Palabra dura y tierna que viene de compadre y de compañero. La repito cuando la soledad acecha, y ella me devuelve a todos los «compas» que tengo en Costa Rica, Nicaragua, El Salvador, Chiapas, y especialmente a uno que vive en Caleta Chica, cerca de Talcahuano, en el frío sur de Chile.

En 1968 bautizamos a su único hijo con agua de mar, porque nació junto al Pacífico. Como padrino le obsequié las suaves pieles de oveja que entibiaron su cuna, y durante la fiesta devoramos los mariscos que ofrecía mi comadre, celebrando con mucho vino la complicidad que nacía al calor de tratarnos de *compa*.

Mi *compa* fue siempre hombre de pocas palabras. Muchas veces llegué a su casa, la única rodeada de macetas con geranios, y aunque hubieran pasado varios meses sin vernos, su saludo era: «¿Qué quiere comer, *compa*?» Y mi respuesta fue siempre la misma: «Usted sabe, *compa.*»

Entonces nos hacíamos a la mar y le veía enfundarse los cuatro o cinco chalecos de lana, meterse en el más que remendado traje de buzo, corregir al secretario cuando ajustaba los pernos de sujeción de la escafandra, pararse con los zapatos de plomo sobre un pequeño trapecio que colgaba por la borda, y dar la orden para que lo bajáramos hasta la gélida soledad submarina.

Desaparecía lentamente. Yo le daba cabo al trapecio, y

el secretario a la bomba de aire que lo conectaba con la vida.

Un tirón al cabo nos decía que ya tocaba fondo, y en la embarcación no se oía más que el padrenuestro musitado por el secretario como infalible medida para bombear aire. Luego de un tiempo sin medida emergía cargado de mariscos enormes, que auguraban la fiesta que nos esperaba en su casa rodeada de geranios.

Dejamos de vernos durante quince años, y cuando en 1989 me permitieron volver a Chile, lo primero que hice fue partir hacia Caleta Chica.

La casa seguía igual, los geranios me parecieron multiplicados, pero en el semblante de mi comadre la tristeza había dejado sus marcas. Le pregunté por mi ahijado, y ella apenas alcanzó a murmurar «se lo llevó la mar», porque en ese momento apareció mi *compa*.

Nos abrazamos los tres. Nos apretamos. Lloramos, y cuando intenté decir algo así como «lo siento», mi compadre me tomó por los hombros y mirándome a los ojos preguntó: «¿Qué quiere comer, *compa*?» «Usted sabe, *compa*», le respondí.

De las gentes del sur del mundo aprendí que la ternura hay que protegerla con dureza y que el dolor no puede paralizarnos. En 1985, cuando una tormenta le arrebataba a su único hijo, mi *compa* se encontraba en la clandestinidad, luchando contra la dictadura, y ni siquiera pudo asistir al ritual de arrojar flores al mar. Lloró lo que había que llorar mucho más tarde, en el fondo marino, en el pequeño universo circular de la escafandra de buzo.

Nos vemos cada dos años, pero qué importan la distancia y el tiempo si tengo la certeza de que en un lugar de la costa chilena me espera una casa rodeada de geranios, y entre tanta basura universal, la dignidad de las gentes que de verdad se ganan el pan que comen.

LA VOZ DEL SILENCIO

En marzo de 1996, el vendedor de una librería de Santiago me dio una extraña noticia.

—Hace unos días apareció un tipo extraño con una foto tuya recortada de un periódico. Era un tipo extraño, muy extraño, no hablaba y sólo mostraba la foto. Estuvo horas aquí, hasta que, obviamente, lo echamos.

Obviamente. Odio las obviedades decididas por otros. Quise saber más, pero el vendedor no recordaba ninguna otra particularidad del misterioso visitante. Salí malhumorado de la librería y, cuando me alejaba calle abajo, sentí que me tocaban un brazo. Era la cajera de la librería.

—No estoy segura, pero creo haber visto otras veces al que te buscaba. Es un hombre joven, muy delgado y suele esperar a alguien frente al mercado.

Durante varios días, y a horas diferentes, recorrí la manzana del bello y vetusto mercado central de Santiago, un edificio construido por un aventajado discípulo de Eiffel en el que se exhiben los mejores frutos de la tierra y el mar. Vi salir a cientos de mujeres y hombres cargando bolsas, entrar a docenas de bohemios que se aprestaban a componer el cuerpo con mariscos crudos, a niños vendedores, a ciegos cantores de nostálgicos tangos, pero el hombre delgado que, con seguridad conocía, no daba señales de vida.

Fue al atardecer del cuarto día cuando lo vi, y sentí un

vuelco en el pecho, porque frente a mí estaba un querido y noble compañero al que, como a muchos otros, daba por perdido en algún lugar del mundo. Lo abracé y al hacerlo dije lo único que sabía de él: «Oscar», porque con ese nombre lo conocí en Quito casi veinte años atrás, pero «Oscar» no respondió al abrazo, ni siquiera reaccionó y, al remecerlo insistiéndole en que era yo, vi cómo sus brazos colgaban en actitud de derrota, cómo su cabeza se inclinaba levemente, con los ojos bañados por una humedad que no quería dar paso a las lágrimas.

Nos miramos. Ni siquiera sabía su nombre real. Nos habíamos conocido durante los años duros, cuando, incluso en el exilio, la clandestinidad imponía sus leyes salvadoras y nos exigía saber lo menos posible de nosotros.

Había cariño en sus ojos y le hice muchas preguntas para saber qué le pasaba, dónde vivía, si acaso tenía ganas de beber algo, mas no respondió y yo empecé a preguntarme si era capaz de escuchar.

Así estuvimos cerca de dos interminables horas. Yo, hablando, y «Oscar» respondiendo con el brillo de sus ojos en un lenguaje que no conseguía descifrar, hasta que una mujer, una de esas mujeres prematuramente envejecidas que con sus arrugas nos repiten que la dictadura no sólo nos robó parientes y amigos, sino también años de vida, se acercó alarmada, y con tono triste me informó que «Oscar» no podía hablar, que apenas si conseguía caminar luego de años de invalidez, pero que, aparentemente, escuchaba.

Apurada, me dijo que tenía que llevarlo a los baños del mercado, propuse acompañarlos, pero ella se negó, indicando que eso avergonzaría a mi amigo.

—Espere aquí, volvemos en cinco minutos —dijo, y no regresaron.

A partir de aquel día pasé tres años indagando sobre un compañero cuya chapa era «Oscar», entre los chilenos, argentinos y uruguayos que pasamos por Ecuador. Todo fue en vano. Nadie sabía nada y, cuando estaba a punto de arrojar la toalla, un encuentro fortuito con un venezolano me develó la historia de «Oscar», que ahora cuento empezando con la frase mágica con que empezaban las bellas narraciones.

Había una vez un muchacho de una barriada proletaria, que con gran esfuerzo trabajó y al mismo tiempo hizo sus estudios de electricista. Quería poner luces a su país para que nadie tropezara con los escollos de la oscuridad, y así, fue un activo dirigente sindical durante el gobierno de Allende. Luego de la derrota marchó al exilio, y sus deseos de iluminar el mundo lo llevaron a Nicaragua, donde también combatió a la dictadura de Somoza. De Nicaragua regresó clandestino a Chile, para poner fin a la oscuridad en su país. Algún día de 1982 cayó en manos de los verdugos, y como era un hombre de consecuencia sin límites, no dijo una palabra, no buscó rostros conocidos entre los otros prisioneros, no hizo nada que pusiera en peligro a sus compañeros. Como no lograron quebrar su voluntad con las torturas, los verdugos decidieron entonces usarlo como trampa: lo soltaron en un descampado, convertido en un guiñapo, inválido, con la columna seriamente lesionada, incapaz de mover incluso los párpados. Era, por una parte un claro mensaje de terror, y por otra un señuelo, porque la solidaridad obligaría a sus compañeros a ir hasta él.

Había una vez un muchacho, un electricista, que hizo de la inmovilidad y del silencio una inquebrantable barricada.

En breve tiempo, «Oscar» viajará a Europa, lo atenderán especialistas que —ojalá lo consigan— harán posible que él mismo diga un día su verdadero nombre, narre su historia imprescindible, y su voz de obrero derrote para siempre a la oscuridad y al silencio.

¡SALUD, PROFESOR GÁLVEZ!

El próximo 11 de septiembre se cumplirán 25 años del sangriento golpe militar que terminó con la ejemplar democracia chilena, asesinó e hizo desaparecer a miles de mujeres, hombres y niños, golpeó, torturó y condenó al exilio a cientos de miles de ciudadanos de la nación austral.

Con motivo de la efeméride se recordarán muchos nombres y será justo repetir el de Salvador Allende, un hombre digno y consecuente hasta el último soplo de vida. Con asco se nombrará a los responsables directos de la felonía, y a algunos de los que atizaron con dólares el fuego de la infamia.

Más de alguien, parodiando a Boris Vian, se preguntará si ha muerto Henry Kissinger para ir a escupir sobre su tumba. Otros, simplemente recordarán los felices sueños cercenados, la juventud arrebatada a plomo y cárcel.

Ese día descorcharé una botella de vino chileno y brindaré por el recuerdo de don Carlos Gálvez, del profesor Gálvez, del pedagogo de la dignidad.

El 11 de septiembre de 1973, el profesor Gálvez enseñaba castellano en una pequeña escuela rural cerca de Chillán, en el sur de Chile. Rondaba los sesenta años, era viudo, y su única familia eran un hijo que cursaba estudios de agronomía en la Universidad de Concepción, y sus alumnos.

El hijo, como otros miles de jóvenes, un día fue tragado por la máquina del terror. Durante dos años don Carlos Gálvez llamó a todas las puertas, habló con gentes amables o hurañas, dignas o atemorizadas, solidarias o vencedoras, recibió risas, insultos, pero también frases de consuelo. No cejó en su empeño hasta que lo encontró, convertido en una ruina, pero vivo.

En 1979, don Carlos Gálvez, «socialista, laico y bebedor de vino tinto», logró sacar al hijo de la cárcel y lo envió a la República Federal Alemana convertido en un exiliado más, pero vivo.

Las secuelas de la tortura les cobraron la cuenta a muchos chilenos cuando reiniciaban la vieja costumbre de vivir. El hijo de don Carlos fue uno de ellos. Murió en Hamburgo en 1981 y, el profesor Gálvez, con una pequeña maleta, voló a Europa para asistir al funeral.

Lo conocí en el cementerio. Era una fría mañana de febrero y los árboles con sus ramas congeladas sugerían un sereno bosque de cristal. Don Carlos, de pie frente a la tumba, leyó un poema de César Vallejo: *Solía escribir con su dedo grande en el aire ¡Biban los compañeros!, con la B del buitre en las entrañas, ¡Biban los compañeros!*

¿Qué deja un exiliado? Un par de fotos, la calabaza del mate, la bombilla de plata, unos libros de Neruda. Todo eso metió don Carlos en su pequeña maleta y a los pocos días emprendió el regreso a Chile. En el aeropuerto de Santiago un funcionario le escupió que no podía entrar al país, porque las actividades subversivas realizadas en Alemania —y sólo asistió al funeral de su hijo— lo privaban del derecho de vivir en Chile.

Don Carlos Gálvez, el profesor Gálvez y su pequeña maleta volvieron a Hamburgo. A los dos o tres meses hablaba ya un alemán aceptable como para vender periódicos a la entrada del metro: «El hombre digno se gana el pan antes de llevárselo a la boca», y al medio año, ayudado por los emigrantes españoles de la tertulia literaria El Butacón, daba clases de castellano a niños españoles y latinoamericanos. A sus casi setenta años, el profesor Gálvez hacía de hombre bueno para dirimir líos entre exiliados, corregir la ortografía de los documentos políticos y, todas las mañanas, apenas amanecía, daba un largo paseo por el puerto.

«Había dos barcos chilenos. Hablé con los marinos», me contaba más tarde, mientras desayunábamos los lunes y viernes, días en que don Carlos me devolvía un libro y se llevaba otro. Machado, León Felipe, Miguel Hernández, Lorca, Alberti, se convirtieron en sus hermanos del alma. En algunas ocasiones y sin que él lo percibiera, lo observé leer, muy arropado y con guantes en algún parque de la ciudad. De pronto cerraba el libro, lo apretaba contra su pecho y volvía los ojos al frío cielo de Hamburgo.

En 1984 hicimos juntos un viaje a Madrid —su primer y único viaje a España—, y en el café Gijón, sentados ante una mesa que tal vez ocupara alguno de sus poetas, le vi llorar con un llanto duro, rebelde, como sólo lloran los ancianos con historia. Preocupado, le pregunté si se sentía mal, y con su respuesta me enseñó la más contundente de las verdades: «Hemos vuelto a la patria, ¿entiendes? Nuestro idioma es nuestra patria.»

El invierno del 85 fue muy duro, y don Carlos contrajo una neumonía que lo llevó a la tumba. Unos días antes de que lo internaran en el hospital de Altona le visité en su pequeño piso de hombre solo, y lo encontré embriagado de la felicidad de un sueño dichoso: «Soñé que estaba en mi escuelita enseñando los verbos regulares a un grupo de niños muy pequeños. Y al despertar tenía los dedos llenos de tiza.»

A 25 años del crimen que nos mutiló la vida levanto mi copa y brindo. ¡Salud, don Carlos Gálvez! ¡Salud, profesor Gálvez! ¡Biban los compañeros!

LA MORENA Y LA RUBIA

Las veo caminar por Venecia y me quedo atrás o me adelanto para observarlas mejor, para disfrutarlas más, porque las dos son hermosas y envuelven la tarde otoñal con esa singular belleza que ellas consiguen a partir de los cuarenta y cinco años, belleza madura en placeres y golpes, en amores libados hasta la última gota y en broncas que jamás se apagan.

No se conocieron ni en un parque ni en un baile, sino en las mazmorras de un caserón siniestro llamado Villa Grimaldi, lugar cuya identidad se inscribe en la toponimia universal del horror y de la infamia.

Era de noche en Santiago de Chile cuando a la morena la sacaron de su casa, a golpes la separaron del hijo, a empellones la condujeron hasta el auto sin placas, y con un esparadrapo le alejaron el mundo de los ojos.

Ahora, veinticinco años más tarde, mira el sol reflejado en los canales y sonríe.

Era de noche en Santiago de Chile cuando a la rubia la sacaron de su casa, a golpes la separaron del hijo, del retrato del compañero asesinado, a empellones la arrastraron hasta el auto sin placas, y con un esparadrapo le alejaron el mundo de los ojos.

Ahora, veinticinco años más tarde, mira las palomas que cubren la plaza de San Marcos y sonríe.

No era ni de noche ni de día cuando la morena, desnuda y temblorosa luego de los primeros interrogatorios, se levantó levemente la venda que le cubría los ojos. Tiempo muerto. Tiempo sin medida. La morena se vio sucia de hematomas producidos por los golpes, de quemaduras que dejan los electrodos. Entonces se mordió los labios y con todo el amor del mundo musitó: «No hablé, no les dije nada, no me han vencido.»

No era de noche ni de día cuando la rubia, desnuda y temblorosa luego de los primeros interrogatorios, se levantó levemente la venda que le cubría los ojos. Tiempo suspendido. Tiempo sin mecanismos que lo regulen. La rubia se vio sucia de marcas de botas, con las huellas de la picana eléctrica marcándole la piel. Entonces se mordió los labios y con todo el amor del mundo musitó: «No hablé, no les dije nada, no me han vencido.»

Las dos lloraron, ciertamente, pero poco, porque las mujeres gloriosas de mi generación y de mi historia no permitieron que el dolor se impusiera sobre los deberes, y éstos eran: organizar el silencio, confundir a la canalla uniformada, resistir.

Cuando se vieron por primera vez bajo el diminuto sol de veinticinco vatios que a ratos iluminaba la celda, se buscaron para darse calor, calorcito chileno humano y clandestino, calorcito responsable de las militantes que, de curarse heridas mutuamente pasó al intercambio de información de todo lo poco que habían visto.

«Creo que estamos en tal parte.» «Un hijo de puta se llama Kraff Marchenko y es de los más bestias.» «Vi cómo sacaban a dos compañeras que no se movían.» «No les aceptes agua luego de la picana eléctrica.»

Por una mirilla, los verdugos las observaban, caídas, según ellos, derrotadas, según ellos. ¡Pobres tipos! Incapaces de entender que esos dos cuerpos eran una célula de la Resistencia.

Ahora, veinticinco años más tarde, recuerdan que también hablaron de otras cosas: «Se te corrió el rímel», dijo la morena, acariciando los ojos amoratados de la rubia. «Qué lápiz labial tan malo», dijo la rubia, acariciando los labios hinchados de la morena.

Viajaron en la celda, entre sesión de tortura y sesión de tortura visitaron Roma, Londres, Toledo, São Paulo. Cantaron canciones de Serrat y de Violeta Parra. Recitaron poemas de Neruda y Antonio Machado. Cocinaron con las especias de los recuerdos felices. La morena era poeta y quería ser una gran poeta. La rubia era periodista y quería ser una gran periodista.

Ahora, veinticinco años más tarde, Carmen Yáñez, la morena, ve sus poemas publicados en España, Alemania, Suecia e Italia. Marcia Scantlebury, la rubia, ve sus artículos publicados en muchos idiomas.

Las veo caminar, ¡qué bellas son!, me atraso o me adelanto y cada vez me parecen más hermosas, mientras las palomas levantan el vuelo a su paso y en el cielo escriben ¡salud compañeras!, y un turista japonés, y un italiano, y otro perfectamente apátrida las miran con ojos seductores. Ellas sonríen y recuerdan que un sátrapa uniformado de Villa Grimaldi las llamaba «putas de ultraizquierda», cuando se le agotaba el repertorio de pobres insultos militares.

La morena y la rubia. Carmen y Marcia. Ahí van con su andar seguro y el orgullo de las que se lo jugaron todo. Esos cuerpos que hablan del amor guardan el amor de todos los caídos. Esos labios que incitan al beso se quejaron, pero no dijeron ni un nombre de persona, de árbol, de río, de montaña, de bosque, de flor, de calle. No dijeron nada que sirviera de orientación a los verdugos. Y esos ojos que se bañan de luz y que iluminan han llorado dignamente a nuestros muertos.

Minifalderas en flor de los setenta, revoltosas de aulas y costumbres, subversivas del amor y las ideas, compañeras del alma y la esperanza, ¡con qué orgullo las contemplo, mis muchachas eternas!

ÍNDICE

Impreso en el mes de junio de 2000
en Talleres LIBERDÚPLEX, S. L.
Constitución, 19
08014 Barcelona